J. PROCO - D. FONTANILLE - D. et E. CHAUCHE

L'ARTISANAT CHEZ SOI

LE CROCHET - LE TISSAGE - LE PATCHWORK

Collection placée sous le patronage de
JACQUES ANQUETIL
Président-Fondateur de la Maison des Métiers d'Art Français

FRANCE LOISIRS

Manteau chinois. *(Voir explication page 61).*

Jeanine PROCO

LE CROCHET

Dessins de Joël BORDIER
Photos de Christine FLEURENT

Présentation par
CLAUDINE JARDIN

INTRODUCTION

Le crochet est un art, le crochet est un plaisir, le crochet est un délassement. Au moment où les matières premières ne cessent d'augmenter il devient utile de savoir crocheter une petite robe pour la plage, une couverture cadeau de Noël, un bonnet vite fait. En plus le crochet calme les nerveuses. On peut l'exécuter partout, en métro, devant la télévision, sur un banc de square. Le crochet n'est pas fatigant comme les aiguilles qui portent le poids de l'ouvrage. Malheureusement il nous en reste des images vieillottes inévitables : napperons sous les vases à fleurs, rideaux tristes, robettes à trou-trous, fioritures, rosaces, coussins de voiture criards qui n'ont pas contribué à rehausser son blason.

Jeanine Proco a repensé le crochet en vue d'une utilisation moderne, d'une mode simple et pratique qui a l'avantage immense de ne pouvoir passer justement. Ses modèles sont rigoureusement dessinés. Il y a là-dedans plus de géométrie que de froufrous, plus d'architecture que de flou artistique.

Ses conseils qui paraissent de simple bon sens ont été mis au point après des années de pratique. Ils vous éviteront bien des bévues, des faux pas, souvent irréparables car certaines laines (le mohair par exemple) se détricotent mal. Rien de plus laid qu'un châle dont les proportions ont été mal calculées, une jupe qui poche aux fesses ou qui s'allonge inégalement sur les mollets. Vous apprendrez aussi à coudre, à assembler correctement pour que vos ouvrages soient solides et ne froncent pas.

Vous trouverez trois séries de modèles. Les uns (les plus simples) destinés à la maison sont réalisés au crochet en rond : méthode facile, effet assuré. Petits tapis ronds ou ovales égayeront vos chambres d'enfant, le panier de votre chat, votre entrée à la campagne, etc... Le pouf sera amusant devant une coiffeuse. Vous pourrez en faire plusieurs pour faire goûter les enfants ou ajouter des sièges devant votre poste de télévision.

Un peu enhardie vous vous lancerez dans l'exécution des châles (en raffinant sur le point et la couleur), des bonnets, de la couverture en camaïeu ou en beiges dégradés et vous aurez ainsi une bonne série de cadeaux d'anniversaire ou de Noël à réaliser en toute saison, sans gros effort et sans panique. N'oubliez pas qu'un cadeau « fait de vos mains » a dix fois plus de prix et qu'il constitue chaque fois une « pièce unique ».

Enfin vous pourrez vous attaquer aux vêtements eux-mêmes pour lesquels Jeanine Proco vous donne des conseils de professionnelle auxquels vous n'auriez peut-être pas pensé : découdre une jupe, une robe ou une veste qui vous va bien. Une fois à plat, ce sera le meilleur des patrons.

Vous n'aurez plus ensuite que d'heureuses surprises : le crochet fait des vêtements pratiquement inusables.

Il y a des petits « trucs » pour remettre en forme les jupes déformées en les repassant à la pattemouille. Il vaut mieux ne pas laver les lainages au crochet mais les donner à nettoyer. Ils redeviennent plus beaux que neufs.

Vous vous exercerez à faire les boutonnières et les boutons qui donnent tout le chic d'une veste ou d'un manteau.

Vous pourrez pour un soir faire un sac en chenille de velours, pour un week-end à la campagne un gilet de berger, pour tout l'hiver une confortable jupe longue et son châle. Et vous verrez qu'un modèle réussi ne se démode pas. Vous n'aurez plus qu'à le reproduire dans des tons différents, des matières différentes. Le choix ne manque pas.

D'une manière générale évitez les points inutilement compliqués, les formes prétentieuses, les dessins trop vus qui traînent dans tous les catalogues.

C'est volontairement que Janine Proco a évité le « dessus de lit de grand-mère » et les fantaisies qui ne sont que de prétentieuses futilités. Ceci n'est pas un manuel de crochet mais un petit livre destiné à vous donner de bonnes notions de base pour vous permettre d'être vous-mêmes la créatrice.

Claudine JARDIN

●

CONSEILS PRATIQUES

L'utilisation du crochet a beaucoup changé depuis nos grand-mères. La profusion des fils divers que l'on trouve sur le marché permettent d'exécuter de nombreux ouvrages : vêtements et tricots d'intérieur comme les plaids, dessus de lit, coussins, tapis, etc.

Parmi ces ouvrages, certains sont très faciles à réaliser et s'exécutent très vite, avec des crochets gros comme le doigt et de grosses laines ou même plusieurs laines mélangées, ce qui donne des effets de tissus très beaux.

Ce genre de travail donne d'excellents résultats pour les grandes pièces : manteaux, couvertures, gros pulls, grosses vestes et aussi les bonnets.

Par ailleurs les ouvrages très fins, genre dentelle conviennent toujours pour les robes habillées, les blouses, les nappes et les sets de table mais demandent beaucoup de patience et d'excellents yeux.

Entre ces deux extrêmes on trouve toutes les possibilités d'exécuter des ensembles : robes, petites vestes, qui, si elles sont bien exécutées,

BOLÉRO

(Voir explication page 51)

Ce boléro à bordure bicolore demande un point serré, et une bordure méticuleusement exécutée.

Les trois rangs de la bordure seront plus réussis avec un crochet légèrement plus gros que celui de l'ouvrage.

ont une tenue remarquable et peuvent être pratiquement indéformables, ce qui est la plus grande qualité dans ce genre de réalisations. C'est bien aussi ce qui est le plus difficile à obtenir... Il faut pour cela faire

Boléro.

un choix judicieux du fil que l'on va travailler, de la taille du crochet, de la forme du vêtement et surtout, porter toute son attention sur le montage et la finition de l'ouvrage.

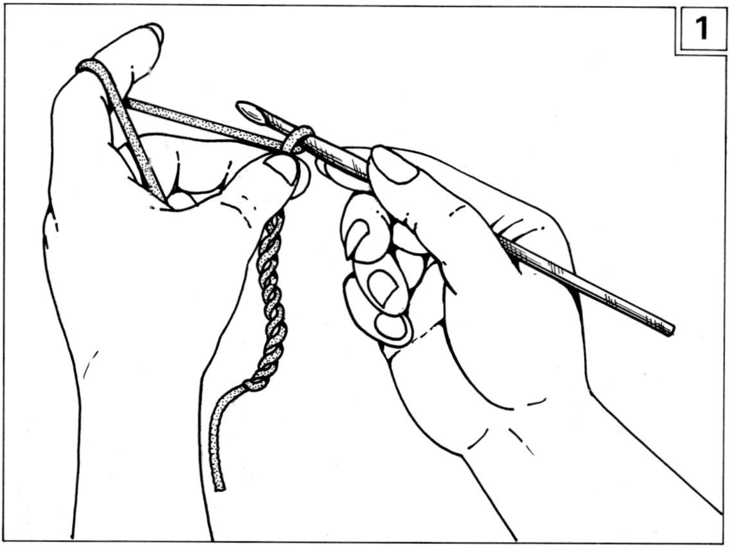

La chaînette, début de tout ouvrage.

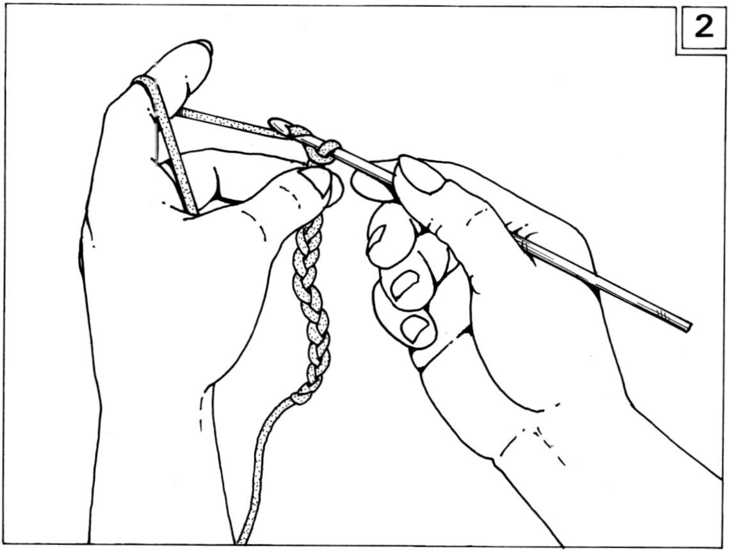

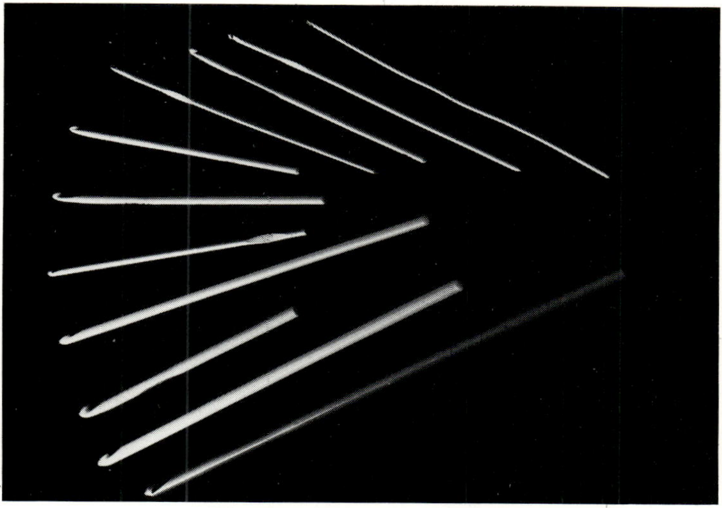

Différentes sortes de crochets.

UTILISATION DES FILS

Fils pour manteaux :
Laine bouclette mohair ;
Mohair gratté ;
Tweed ;
Poil de renne ;
Laine de pays ;
Mohair + tweed ;
Mohair + poil de renne ;
Poil de chameau.

Fils pour ensembles :
Jupe + pull
Jupe + veste
Laines plates ;
Tweed ;
Poil de renne ;
Poil de chameau.

Fils pour tapis et poufs :
Laine de tapis ;

Coussins
tous les fils ;

Plaids - mohair - bouclette
mohair (très beau !) et toutes les laines ou mélanges.

Fils pour chapeaux, bonnets et sacs

Tous les fils cités plus haut ainsi que la paille, l'extra-fort, le cuir, la feutrine.

Le crochet en long point « maille serrée »

Beaucoup de vêtements sont spécialement réussis quand on les crochète dans le sens de la longueur. C'est vrai pour les jupes, les vestes, les manteaux, et certaines robes. Cela rend les vêtements particulièrement indéformables.

Prenez le patron d'un vêtement qui vous va bien et suivez-le exactement en supprimant pinces et autres détails inutiles. Dans les vêtements au crochet, plus la coupe est simple, mieux ce sera.

Le crochet en long fait de très belles rayures en 2 tons ou 3 tons. Cela donne des vêtements amincissants et très réussis, en faisant des rayures de 2 ou 3 rangs, on obtient un effet remarquable.

Le point de vannerie

C'est un point qui fait merveille en grosse laine molle pour gros pull voir dessin) manteaux, vestes, coussins. Il exige des formes très simples. Kimono ou raglan, je déconseille les manches montées dans ce point. Moins il y a de coutures, mieux cela vaut.

Petits trucs

Crocheter tous les grands ouvrages 8 ou 10 cm trop court et ensuite allonger au repassage en repassant toujours à la pattemouille. Cela évite de sortir avec une robe au genou et de rentrer avec une robe à mi-mollet.

Les vêtements crochetés dans des points dentelle doivent être repassés à la pattemouille au fur et à mesure que l'ouvrage avance, tous les 10 ou 15 cm en tendant le travail avec des épingles pour l'allonger.

Ne jamais faire d'ourlet dans les vêtements au crochet, ce n'est pas joli. Terminer le bas de vêtement par une bordure d'un rang au crochet. Bien repasser.

CONSEILS GÉNÉRAUX

Au début, si on ne fait pas attention, il vous arrive d'avoir un ouvrage qui rétrécit ou qui va en biais! Aussi faut-il faire bien attention de ne pas sauter la première maille du rang ni la dernière. Comptez vos mailles de chaînette, par exemple 21 mailles et crochetez 20 mailles, si au bout de plusieurs rangs vous n'en avez plus que 18, c'est que vous avez sauté deux mailles à un endroit ou un autre.

Le sac de paille. *(Voir explication p. 31).*

Quand vous passez d'un rang à l'autre, n'oubliez pas de faire 1 ou 2 ou 3 points de chaînette suivant la hauteur du point que vous avez choisi. Plus le point est haut plus les diminutions font de grands escaliers. Quand vous faites vos emmanchures, vos décolletés, pour atténuer cet effet, exécutez les premiers et les derniers points du rang dans un point moins haut.

Pour les lisières : attention, au début du rang. Pour la maille serrée commencez le rang à la 2ᵉ maille de la chaînette, ensuite faites 1 maille en l'air en passant d'un rang à l'autre. Bien piquer dans la 1ʳᵉ maille qui suit la maille en l'air.

Pour la demi-bride, commencer l'ouvrage sur la 3ᵉ maille de la chaînette et ensuite faites 2 mailles en l'air à chaque début de rang en piquant bien dans la 1ʳᵉ maille du rang.

Pour la bride, le rang commence sur la 4ᵉ maille de la chaînette et les rangs suivants faites 3 mailles en l'air pour tourner et commencer le rang, etc...

Augmentations pour ouvrages plats

On peut augmenter au début et à la fin des rangs. Il suffit de faire 2 points dans la même maille.

Augmentations pour ouvrages plats.

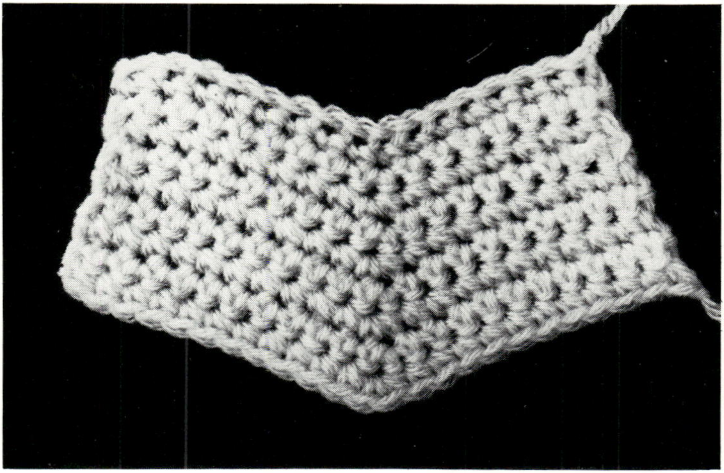

Augmentations dans le corps du travail.

Diminutions pour ouvrages plats.

Si on veut augmenter de plusieurs mailles, il faut faire une chaînette à la fin du rang de 2 ou 3 mailles ou plus si c'est nécessaire, on les crochète au retour. Si cela forme des escaliers sur les bords de l'ouvrage, il est aisé de les dissimuler au montage en escamotant les petits angles formés pour les augmentations dans les coutures et dans les bordures.

Les augmentations dans le corps du travail

ne sont pas difficiles à réaliser. Il suffit de marquer d'un fil de couleur l'endroit où on veut augmenter et, à cet endroit, crocheter deux fois dans la même maille, plusieurs rangs à la file si nécessaire.

Diminutions pour ouvrages plats

Pour diminuer il suffit de ne pas crocheter à la fin du rang 1 ou 2 mailles ou plus si nécessaire. Si c'est au début du rang, sauter la 1re maille, ceci est valable pour les petites diminutions car pour de grandes diminutions il faut toujours les faire à la fin des rangs.

Pour diminuer dans le corps du travail, sauter 1 maille en marquant d'un fil de couleur sur 1 ou plusieurs rangs si c'est nécessaire, par exemple pour une pince d'épaule ou une pince de jupe.

Il est important de veiller à ce que les diminutions soient bien situées exactement les unes au-dessus des autres, afin que la pince ainsi formée soit droite et non pas zigzagante.

ROBE TRICOLORE

(Voir explication p. 62, conseils).

Dans cette robe tricolore, la manche a une tête de fronces qui lui donnent une forme gigot. Bien répartir les fronces, un peu plus en arrière de l'épaule.

Le décolleté doit être bordé de 2 ou 3 rangs d'uni en marquant bien les coins du carré.

Robe tricolore.

Exemple de diminution d'emmanchure

Pour une emmanchure classique arrondie, laisser d'abord 6 mailles de chaque côté de l'ouvrage, puis au rang suivant crocheter en sautant une maille à chaque début de rang.

Faites cela pendant 3 rangs et ensuite continuez tout droit jusqu'à l'épaule. Ceci est valable pour les diminutions du dos. Pour le devant creuser davantage en laissant d'abord 10 mailles et ensuite 1 sur 4 rangs.
(avec laine crochetée en demi-bride : crochet N° 4)
(laine 4 fils)

Le montage

Les très gros tricots au crochet doivent être montés à l'aiguille avec la même laine que l'ouvrage ; s'il s'agit de mohair ou de laine moelleuse. Les gros tricots au crochet dans une grosse laine sèche doivent être montés avec un fil ton sur ton, en coutures bord à bord, bien repassés à la pattemouille et ensuite bordés d'un rang de crochet. Les vêtements en crochet fin ont intérêt à être montés à coutures ouvertes, piquées à la machine, ensuite bien repassées à la pattemouille, puis bordés comme les autres tricots. Il faut bien repasser les bordures.

Les boutonnières

Il est important de faire des boutonnières dans le sens des rangs. Pour un vêtement crocheté en long, boutonnières verticales, pour un vêtement crocheté en largeur, boutonnières horizontales.

Pour faire la boutonnière à l'endroit prévu, sauter un certain nombre de mailles suivant que votre bouton est gros ou petit. Crocheter le même nombre de mailles en l'air en faisant des mailles serrées. Faire toujours la boutonnière un peu plus petite que le bouton ou bien la reborder une fois faite pour qu'elle ne devienne pas trop grande.

Pour certains vêtements la boutonnière faite après coup dans la bordure de finition est d'un joli effet. Cela convient surtout au crochet fin et permet de faire un boutonnage rapproché, spécialement réussi avec de petits boutons boules.

Les boutons recouverts au crochet

Ils font un très bel effet sur les vestes et manteaux en mohair ou tweed utilisés assez gros. Et pour les vêtements fins, des boutons boules recouverts soit en soie soit en coton donnent un aspect très soigné au vêtement.

Le bouton se fait comme un tout petit bonnet dont on recouvre le bouton. Après avoir augmenté jusqu'au diamètre du bouton, diminuer de 1 maille à chaque 2e ou 3e maille, après avoir mis le bouton à l'intérieur.

Couper le fil après avoir laissé la valeur d'une grande aiguillée, enfiler sur une aiguille et fermer le bouton en cousant.

Si le bouton a des trous ce qui est mieux, passer l'aiguille 2 ou 3 fois dans les trous afin de bien arrimer la gaine de crochet sur le bouton.

ENTRETIEN DES TRICOTS AU CROCHET

Pour les tricots de laine, donner plutôt à nettoyer au poids que laver (surtout les grandes pièces : robes, manteaux, jupes longues). **Le mohair redevient magnifique, quand on l'a beaucoup porté, si on le brosse avec une brosse à chiendent légèrement mouillée. Le poil ressort et le vêtement devient plus beau que neuf!**

Une jupe un peu déformée aux genoux, ou aux hanches parce qu'elle a été beaucoup portée assise, se remet en forme impeccablement si on la repasse bien à la pattemouille aux endroits déformés. Laisser ensuite reposer à plat. De même pour un pantalon mais je déconseille les pantalons au crochet).

Un pull en mohair élargi (le mohair s'élargit toujours en étant porté) peut être remis en forme à la pattemouille, en resserrant avec un fil à bâtir les parties détendues. Une fois repassé, le vêtement bien refroidi, on enlève le fil.

Pour les matières claires blanc, ou pastel, il faut pourtant laver au bout de quelques nettoyages, sinon le vêtement devient gris. Il faut utiliser un produit spécialisé à l'eau très tiède, ne pas frotter, ne pas tordre, mais presser et surtout bien rincer. Il est important de faire sécher à plat, en mesurant longueurs et largeurs (mesures relevées au préalable !).

BLAZER

(Voir explication page 36).

La veste blazer à 4 poches facultatives, on peut en mettre 2 seulement.
La bordure du revers doit changer de sens à partir de la boutonnière du haut, afin qu'elle se présente à l'endroit au revers et au col.
La fente de la poche sera nette, bordée d'un rang serré.

AMEUBLEMENT

COUSSIN ROND MULTICOLORE

(Voir illustration p. 23).

Crocheter d'après le principe du crochet en rond, cet exemple de coussin est réalisé en 6 couleurs. Vous pouvez varier la largeur des bandes de couleur et faire le centre plus ou moins important selon votre goût.

Le point de demi-bride pris en demi-maille donne un effet de point de tige qui offre du relief à l'ouvrage et fait ressortir les coloris. Vous pouvez crocheter l'autre face du coussin en uni si vous ne voulez pas répéter le même dessin, ou le doubler de tissu dans le ton dominant, ou encore de feutrine.

Bourrer de kapok ou de débris de mousse de nylon.

Blazer.

Tapis rond.

Il est important à chaque changement de coloris de bien raccorder en coupant la laine après avoir fait un nœud avec la laine du coloris suivant.

Opérer un décalage d'une maille au changement de coloris ce qui rend moins voyant le raccord qu'on est obligé de faire d'un rang à l'autre.

Ce genre de coussin serait également très joli en alternant différentes matières. Par exemple 1 ou 2 rangs de laine simple puis 2 ou 3 rangs de chenille de velours après quoi vous pourriez mettre 1 rang de lacet de soie puis quelques rangs de mohair, etc.

Combinez les matières et composez les rapports de coloris à votre idée. Chacune créera ainsi son propre coussin!

COUVERTURE A CARREAUX

(Voir illustration p. 31).

En plusieurs coloris, utilisés en camaïeu, ils peuvent servir à réaliser de merveilleuses couvertures très chaudes et très décoratives, posées sur un lit ou un canapé.

On crochète les carrés séparément ce qui donne un ouvrage très agréable et peu encombrant.

Ici nous avons choisi 6 coloris disposés en dessin géométrique mais la couverture est également très jolie en 2, 3 coloris ou plus, ce qui permet d'inventer une nouvelle disposition des carrés.

Dans cet ouvrage les carrés ont 20 cm de côté environ. Il y en a 64. Si vous désirez une couverture plus grande ou plus petite, refaites le calcul. Les franges doubles et bien fournies ont 20 cm de hauteur.

Crochet n° 4 1/2
Point 1 fil maille serrée
laine mohair grattée.

Assembler les carrés *au crochet* avec la couleur dominante de l'ouvrage. Cela donne de la souplesse, une bonne tenue et surtout *une grande solidité.* Crochetez un peu serré pour que la couverture ait la vie longue.

TAPIS ROND *(Voir illustration p. 20).*

Celui-ci est de 160 cm de diamètre et pèse 4 kilos. Il est possible de le réaliser en plusieurs couleurs, ce qui lui donne un aspect de cible qui peut être réussi. Faire un dégradé en commençant par un ton clair et, dans la même gamme, faire des zones de plus en plus foncées pour arriver à la bordure.

Crocheter très serré - ouvrage très lourd à la fin et très encombrant mais que l'on peut faire plus petit. On peut aussi crocheter plusieurs petits tapis que l'on met dans la pièce comme des pavés au milieu du gazon.

Crochet n° 7
Laine spéciale pour tapis 4 fils moyens flochés.
Point : crochet en rond maille serrée.

TAPIS ROND, AU CROCHET (explication détaillée I.W.S.)

Diamètre de 160 cm

Fournitures : Laine spéciale pour tapis, 4 fils moyens floches : 4 kg, col. écru ; 1 crochet de 7 mm.

Points employés : Mailles serrées : (m.s.), piquer le crochet dans la m correspondante du tour précédent, faire 1 jeté sur le crochet et le tirer en boucle, 1 autre jeté pour couler les 2 boucles du crochet. *Mailles coulées :* (m.c.), se font dans le rond du départ, obtenu par les m chaînette du montage. Piquer le crochet dans le rond, faire 1 jeté sur le crochet et le tirer en boucle puis passer cette boucle au travers de la m qui est sur le crochet.

Echantillon : 13 m = 20 cm ; 14 rgs = 20 cm.

Exécution : Employer la laine en double et commencer par le centre du tapis, pour travailler en rond « spirale ».

Faire une chaînette de 3 m et fermer en rond, pour cela : piquer le crochet dans la 1re m chaînette, faire 1 jeté sur le crochet et le tirer en boucle au travers de cette m et aussi de la m qui est sur le crochet. 1er *tour :* faire dans le rond obtenu, 6 m.c. et marquer d'un fil de couleur la dernière de ces 6 m. A partir du 2e tour et à tous les autres tours, trav. en m.s. en continuant à marquer la dernière m de chaque tour. 2e *tour :* faire 2 m.s. dans chacune des m du tour précédent, = 6 augm. donc 12 m obtenues. 3e *tour :* faire 2 m.s. dans chacune des m du tour précédent, = 12 augm. donc 24 m obtenues. 4e *tour :* 1 m.s. dans la 1re m du tour précédent, puis, 7 fois : 2 m.s. dans la m suivante et 1 m.s. dans chacune des 2 m qui suivent; terminer par 2 m.s. dans l'avant-dernière m du tour précédent et 1 m.s. dans la dernière m = 8 augm. donc 32 m obtenues.

COUSSIN MULTICOLORE *(Voir page 18, conseils).*

Coussin crocheté en rond, multicolore. Le raccord des coloris fait toujours une démarcation plus ou moins visible, selon les rapports des tons qui se suivent. Si on utilise des tons proches l'un de l'autre, cette démarcation se fond davantage.

Du 5e tour au 51e tour compris, soit les 47 tours suivants, continuer à faire 8 augm. régulièrement réparties à chaque tour, en évitant de les placer les unes au-dessus des autres pour ne pas obtenir un octogone, mais en les plaçant en quinconce pour garder la forme d'un rond. A la fin du 51e tour il y a 408 m. Tourner alors le trav. pour crocheter en sens inverse, ainsi l'env. des m.s. formera une bordure autour du tapis; faire 5 tours sur les 408 m et arrêter par 1 m.c. faite dans les 2 premières m du tour précédent, puis dans la 3e m, piquer le crochet, faire 1 jeté sur le crochet et le tirer en boucle, puis passer cette boucle au travers de la m qui est sur le crochet, casser la laine à 6 cm environ et continuer à tirer la boucle pour avoir le brin de laine passé au travers de cette dernière m. Faire un point d'arrêt avec une aiguille à laine et glisser cette laine à l'intérieur de quelques m du bord.

Repasser le tapis à la pattemouille très humide et au fer très chaud pour donner un bel arrondi tout autour du tapis.

TAPIS OVALE *(Voir illustration p. 22).*

Ce genre de tapis n'est pas compliqué à réaliser. Suivant la longueur de la chaînette et le nombre de rangs vous pouvez faire un tapis plus ou moins grand qui servira de descente de lit. Vous pouvez également ajouter des couleurs.

Un seul inconvénient : c'est un ouvrage lourd et encombrant. A faire à la maison!

Plus les tapis sont crochetés serrés mieux cela vaut.

Repasser à la pattemouille l'ouvrage terminé pour qu'il soit bien net.

Ces tapis se lavent très bien.

Les faire sécher à plat puis les repasser.

TAPIS OVALE, AU CROCHET **(explication détaillée I.W.S.)**

Fournitures : Laine spéciale pous tapis, 4 fils moyens floches : 2400 g, col. écru; 1 crochet de 7 mm.

Points employés : Mailles serrées : (m.s.) piquer le crochet dans la m correspondante du tour précédent, faire 1 jeté sur le crochet et le tirer en boucle, 1 jeté pour couler les 2 boucles en 1 fois.

Echantillon : 13 m = 20 cm; 14 rgs = 20 cm.

Exécution : Employer la laine en double et commencer au milieu pour travailler en rond « spirale ».

Faire une chaînette de 55 m pour le trav. plus 1 m pour tourner. 1er *g :* faire 1 m.s. dans l'avant-dernière m chaînette et dans chacune des 53 m suivantes, puis dans la première m chaînette y faire 3 m.s.; marquer d'un fil de couleur indépendamment la 1re et la 3e de ces m.s.; contourner la chaînette et faire dans le pied de chacune des 54 m qui suivent, 1 m.s., puis dans la m libre du départ du tour (c'est-à-dire la 56/ m chaînette faite pour tourner), y faire 3 m.s. et marquer d'un fil de couleur, indépendamment, la 1re et la 3e de ces m.s. Continuer en m.s., en tournant et en faisant des augm. de chaque côté de l'ovale ; à tous les tours, marquer toujours les m placées de chaque côté des 54 m.s. du mil., car les augm. seront réparties, à chaque tour, entre les m des arrondis et jamais au-dessus des 54 m du mil. des côtés. *2e tour :* faire 1 m.s. dans chacune des 54 premières m du tour précédent, puis 2 m.s. dans la m marquée, 1 m.s. dans la m suivante et 2 m.s. dans l'autre m marquée de l'arrondi, puis 1 m.s. dans chacune des 54 m qui suivent et pour le 2e arrondi, faire 2 m.s. dans la m marquée, 1 m.s. dans la m suivante et 2 m.s. dans la 2e m marquée du second arrondi = 1 augm. de chaque côté des ovales soit 4 augm. en tout, donc 118 m obtenues. *3e tour :* faire 1 m.s. dans chacune des 54 premières m du tour précédent, puis pour le 1er arrondi, faire : 2 m.s. dans la m marquée ou 1re m de l'arrondi, puis 1 m.s. dans la m suivante, puis 2 m.s. dans la m qui suit puis 1 m.s. dans l'avant-dernière m de l'arrondi et 2 m.s. dans la m marquée ou dernière m de l'arrondi (ceci fait 3 augm. pour l'arrondi), continuer par 1 m.s. dans chacune des 54 m qui suivent, puis pour le second arrondi, faire : 2 m.s. dans la m marquée ou 1re m de l'arrondi, puis 1 m.s. dans la m suivante, puis 2 m.s. dans la m qui suit, puis 1 m.s. dans l'avant-dernière m de l'arrondi et 2 m.s. dans la m marquée ou dernière m de l'arrondi (ceci fait 3 augm. pour l'arrondi) = 6 augm. en tout donc 124 m obtenues. A la fin du 3e tour il y a 8 m pour chaque arrondi et 54 m pour chaque côté. Continuer à ts les autres tours à faire 54 m.s. pour les côtés et à augm. seulement pour les arrondis, comme suit : 4e tour : faire 1 m.s. dans chacune des 54 premières m du tour précédent, puis pour le 1er arrondi faire : 1 m.s. dans la m marquée, puis 2 m.s. dans la 1er m libre et 1 m.s. dans la m qui suit, puis 2 m.s. dans chacune des 2 m suivantes, et 1 m.s. dans la m qui suit puis 2 m.s. dans l'avant-dernière m de l'arrondi et 1 m.s. dans la m marquée de l'arrondi, ce qui donne 4 augm. pour l'arrondi soit 12 m obtenues pour l'arrondi ; continuer par 1 m.s. dans les 54 m du second côté, puis faire le second arrondi comme le 1er pour obtenir également 12 m pour le second arrondi. *5e tour :* faire 1 m.s. dans chacune des 132 m du tour. *6e tour :* faire 1 m.s. dans chacune des 54 premières m, puis pour le 1er arrondi, faire : 1 m.s. dans la m marquée et dans celle qui suit, puis 2 m.s. dans la m suivante, puis 1 m.s. dans chacune des 2 m qui suivent, puis 2 m.s. dans chacune des 2 m suivantes, puis 1 m.s. dans chacune des 2 m qui suivent, puis 2 m.s. dans la m suivante, puis 1 m.s. dans l'avant-dernière m et aussi dans la dernière m de l'arrondi ; faire 1 m.s. dans chacune des 54 m du 2e côté et faire le 2e arrondi comme le 1er soit 4 augm. pour chaque arrondi et 16 m obtenues. *7e tour :* 1 m.s. dans chacune des 54 premières m puis pour le 1er arrondi faire : 1 m.s. dans la m marquée et dans chacune des 4 m suivantes, puis 2 m.s. dans la m qui suit, puis 1 m.s. dans chacune des 4 m suivantes, puis 2 m.s. dans la m qui suit, puis 1 m.s. dans chacune des 5 dernières m de l'arrondi (2 augm. soit 18 m obtenues) ; puis faire 1 m.s. dans chacune des 54 m du 2e côté, puis faire le second arrondi comme le 1er pour avoir 144 m pour le tour. *8e tour :* 1 m.s. dans chacune des 54 premières m, puis pour le 1er arrondi faire : 1 m.s. dans la m marquée et dans chacune des 2 m suivantes puis 2 m.s. dans la m qui suit, puis 1 m.s. dans chacune des 3 m suivantes et 2 m.s. dans la m qui suit, puis 1 m.s. dans chacune des 2 m suivantes et 2 m.s. dans la m qui suit, puis 1 m.s. dans chacune des 3 m suivantes et 2 m.s. dans la m qui suit, puis 1 m.s. dans chacune

ROBE GRILLE 3 TONS

(Voir explication page 46).

Robe en point grille 3 tons. Le décolleté en V est bordé de 2 rangs ainsi que l'emmanchure, la pince de poitrine est piquée à la machine, ainsi que les coutures de côté, cela donne une plus grande netteté à la robe. (Valable pour tous les points dentelle).

des 3 dernières m de l'arrondi ; (4 augm. soit 22 m obtenues), puis faire 1 m.s. dans chacune des 54 m du 2e côté, puis faire le second arrondi comme le 1er pour avoir 156 m pour le tour. *9e tour :* 1 m.s. dans chacune des 54 premières m, puis pour le 1er arrondi, faire 2 m.s. dans la m marquée, puis 1 m.s. dans chacune des 20 m suivantes et 2 m.s. dans la dernière m marquée (2 augm. soit 24 m obtenues), puis 1 m.s. dans chacune des 54 m du 2e côté et faire le second arrondi

Robe grille 3 tons.

comme le premier pour obtenir 160 m pour le tour. *10e tour :* faire 1 m.s. dans chacune des 160 m du tour précédent. *11e tour :* faire 1 m.s. dans chacune des 54 premières m, puis pour le 1^ee^ arrondi, faire 1 m.s. dans la m marquée, puis faire 3 fs. 2 m.s. dans la m suivante, puis 1 m.s. dans chacune des 6 m qui suivent, terminer par 2 m.s. dans l'avant-dernière m et 1 m.s. dans la dernière m de l'arrondi (4 augm. soit 28 m obtenues), puis 1 m.s. dans chacune des 54 m du 2e côté et pour le second arrondi le faire comme le 1er. Du *12e* au *21e tour* compris, faire 4 augm. à tous les tours, dans chaque arrondi en faisant 2 m.s. dans la 1re m.s. de chaque groupe de 2 ce qui espace les augm. de 1 m à tous les tours. A la fin du 21e tour il y a 68 m à chaque arrondi et 244 m pour le tour. *22e tour :* faire 1 m.s. dans chacune des 244 m du tour précédent. Tourner le trav. pour crocheter en sens inverse, ainsi l'env. des m.s. formera une bordure autour du tapis; faire 5 tours sur les 244 m et arrêter par 1 m.c. faite sur les 3 premières m du dernier tour du travail, puis dans la 4e m, piquer le crochet, faire 1 jeté sur le crochet et le tirer en boucle, puis passer cette boucle au travers de la m qui est sur le crochet, casser la laine à 6 cm environ et continuer à tirer la boucle pour avoir le brin de laine passé au travers de cette dernière m. Faire un pt d'arrêt avec une aig. à laine et glisser cette laine à l'intérieur de quelques m du bord.

Repasser le tapis à la pattemouille très humide et au fer très chaud pour donner un bel arrondi de chaque côté.

POUF *(Voir illustration p. 22).*

Les poufs en mousse que l'on peut acheter dans les magasins spécialisés, donnent de petits sièges inusables et pas du tout fragiles si on les recouvre d'une housse au crochet crochetée en rond jusqu'au diamètre du pouf puis tout droit.

Crocheter très serré et un peu plus petit en largeur et en hauteur que le pouf afin que la housse soit bien tendue.

Coudre solidement avec du gros fil de lin à la base du pouf.

Point : demi-bride.
Crochet n° 6
Laine de tapis
Poids 500 g environ

HOUSSE AU CROCHET POUR POUF

(explication détaillée)

cylindrique de 33 cm de diamètre et 43 cm de hauteur

Fourniture : Laine spéciale pour tapis, 4 fils moyens floches : 1000 g; 115 cm de toile écrue en 90 cm minimum de large; 40 cm d'élastique blanc, rond; 1 crochet de 6 mm.

Points employés : Mailles serrées : (m.s.), piquer le crochet dans la m correspondante du tour précédent, faire 1 jeté sur le crochet et le tirer en boucle, 1 jeté pour couler en 1 fois les 2 boucles du crochet. *Mailles coulées :* (m.c.) se font dans le rond du départ, obtenu par les m chainette du montage. Piquer le crochet dans le rond, faire 1 jeté sur le crochet et le tirer en boucle puis passer cette boucle au travers de la m qui est sur le crochet.

Echantillon : 8 m = 10 cm; 9 rgs = 10 cm.

Exécution : Employer la laine simple; commencer par le centre du plateau du haut pour trav. en rond « spirale ». Faire une chaînette de 3 m et fermer en rond, pour cela : piquer le crochet dans la 1ᵉᵉ m chaînette, faire 1 jeté et le tirer en boucle au travers de cette m et aussi de la m qui est sur le crochet. *1ᵉʳ tour :* faire dans le rond obtenu, 5 m.c. et marquer d'un fil de couleur la dernière de ces 5 m.

A partir du 2ᵉ tour et à ts les autres tours, trav. en m.s. en continuant à marquer la dernière m de chaque tour.

2ᵉ tour : faire 2 m.s. dans chacune des m du tour précédent = 5 m augm. donc 10 m obtenues. *3ᵉ tour :* faire 2 m.s. dans chacune des m du tour précédent = 10 augm. donc 20 m obtenues. *4ᵉ tour :* faire 2 m.s. dans la 1ʳᵉ m du tour précédent, puis 9 fs. : 1 m.s. dans la m qui suit et 2 m.s. dans la m suivante; terminer par 1 m.s. dans la dernière m du tour précédent = 10 augm. donc 30 m obtenues. *5ᵉ tour :* 1 m.s. dans la 1ᵉᵉ m du tour précédent, 2 m.s. dans la m qui suit, puis 9 fs. : 1 m.s. dans chacune des 2 m suivantes et 2 m.s. dans la m qui suit; terminer par 1 m.s. dans la dernière m du rg précédent, = 10 augm. donc 40 m obtenues. *6ᵉ tour :* 1 m.s. dans chacune des 2 premières m du tour précédent, 2 m.s. dans la m qui suit, puis 7 fs. : 1 m.s. dans chacune des 4 m suivantes et 2 m.s. dans la m qui suit; terminer par 1 m.s. dans chacune des 2 dernières m du tour précédent = 8 augm. régulièrement réparties donc 48 m obtenues. Du 7ᵉ au 10ᵉ tour compris, continuer à faire tous les tours 8 augm. régulièrement réparties, soit 4 rgs à 8 augm. = 32 augm. A la fin du 10ᵉ rg il y a 80 m dans le tour. Du 11ᵉ au 14ᵉ tour compris faire seulement 5 augm. tous les tours, régulièrement réparties, soit 4 tours à 5 augm. = 20 augm. et 100 m obtenues à la fin du 14ᵉ tour. Continuer droit et faire 39 tours de m.s. Au 53ᵉ tour, début du dessous du pouf, faire 8 dim. régulièrement réparties pour obtenir 72 m.s. *54ᵉ tour :* faire 1 m.s. dans chacune des 72 m du tour précédent. *55ᵉ tour :* faire 6 dim. régulièrement réparties pour obtenir 66 m.s. *56ᵉ et 57ᵉ tour :* faire 1 m.s. dans chacune des 66 m du tour précédent et arrêter. Glisser l'élastique dans le dernier tour pour resserrer dessous le pouf. Avant de recouvrir le pouf avec la housse au crochet, le recouvrir avec la toile : coupez dans la toile une bande de 115 cm de long et 45 cm de haut; dans le reste couper 2 ronds de 35 cm de diamètre; piquer chaque bord de la bande autour d'un rond en prenant 1 cm d'épaisseur de couture et en laissant dépasser le trop long de la bande par moitié de chaque côté; glisser le pouf à l'intérieur, par la fente puis coudre la fente à pts glissés. Couvrir alors avec la housse crochetée.

Losanges à boules

Explication du point : Monter 2 mailles chaînettes. Tricoter en demi-brides, et ajouter 1 maille à chaque rang au début et à la fin du rang jusqu'au milieu du losange.

Au 4e rang vous avez 6 mailles. Tricoter 3 mailles et faire la 1er boule de la façon suivante : mettre sur le crochet 6 brides en piquant toujours dans la même maille, les faire tomber toutes ensembles et repiquer dans la même maille en faisant une demi-bride. Refaire 5 rangs. Tricoter 2 mailles, refaire une boule, tricoter 12 mailles, refaire une boule, puis tricoter 2 mailles.

Tricoter encore 5 rangs, 10 rangs à partir de la première boule. au 11e rang, faire 2 mailles, 1 boule, 13 mailles, 1 boule, 2 mailles.

Faire 3 rangs, tricoter 10 mailles, faire 1 boule, tricoter 10 mailles. Puis faire 1 rang, tricoter 2 mailles, tricoter 14 mailles, 1 boule, 2 mailles. Faire 1 rang. Nous arrivons au milieu du losange : il y a 25 mailles.

Tricoter 8 mailles, faire 1 boule, tricoter 4 mailles, faire 1 boule, tricoter 4 mailles, faire 1 boule, finir le rang.

Continuer la seconde partie du losange en faisant le même dessin de boules inversées et en diminuant à chaque rang au lieu d'augmenter.

Avec ce losange multiplié, vous pouvez faire des couvertures, des coussins très décoratifs. Les bords forment des dents que vous bordez de crochet ou de franges.

D'après ce point de boule, vous pouvez décorer des robes, les bouts de manches, les bouts des écharpes, le bord de vos bonnets, tous ces détails sont toujours très réussis.

Losanges à boules.

ACCESSOIRES
EN PAILLE ET EN LAINE

SAC PAILLE *(Voir illustration p. 11).*

Faire une chaînette de 30 mailles environ et crocheter en augmentant d'une maille tous les 2 rangs côté gauche de l'ouvrage sur 16 rangs puis prolonger de ce côté l'ouvrage par une chaînette de 34 mailles.

COUVERTURE A CARREAUX

(Voir explication p. 20, conseils).

La disposition des carrés doit se faire selon votre goût. Tout à fait asymétrique si vous aimez, ou avec un centre au carré comme ici. Il est important de les coudre tous avec un coloris unique du ton des franges ce qui donne une unité à l'ouvrage.

Faire 18 rangs tout droit pour former l'anse du sac, ensuite diminuer de la même façon que l'on aura augmenté au début de l'ouvrage, pour obtenir l'autre moitié.

Coudre l'anse par le milieu, les deux côtés et le fond, après avoir repassé les 2 morceaux l'un sur l'autre.

Coudre avec la même paille.

paille 2 fils
crochet n° 6
point : demi-bride.

Ce genre de sac peut être plus grand ou plus petit, il suffit de modifier le nombre de mailles.

Il peut être réalisé en grosse laine, en chenille de velours, en ficelle, en ruban. Vous pouvez le transformer en faisant un côté d'une couleur, l'autre d'une autre. Rien ne vous empêche de crocheter des poches extérieures que vous ajouterez, dans les proportions que vous inventerez.

CLOCHE EN TWEED

(Voir illustration p. 35).

Crocheter en rond en augmentant régulièrement pour obtenir 60 points au 15e rang. Puis crocheter tout droit jusqu'au 28e rang. Crocheter alors le rang de tour de tête en passant un élastique à chapeau dans ce rang, de la taille de votre tour de tête, arrêté par un nœud. Puis amorcer le bord en augmentant d'une maille toutes les 2 mailles. Crocheter ensuite 9 rangs qui forment le bord de la cloche.

Bien repasser le fond à la pattemouille sur une grosse serviette éponge roulée en boule, ou sur une tête en bois si vous en avez une. Posez ensuite la cloche pour repasser légèrement le bord à plat.

Le tweed est d'un plus bel effet mis sur l'envers.

Si vous ne voulez pas mettre d'élastique au tour de tête, resserrez légèrement dans ce rang en sautant 6 à 8 mailles, avant de faire les augmentations du bord.

Crochet n° 5
Tweed anglais Homspun 2 fils
Point : maille serrée.
Poids : 120 g.

Ce genre de cloche peut également être réalisé en paille, en chenille de velours, en petite bouclette et dans toutes les matières que vous aimez, même en ficelle mais cela gratte un peu.

Vous pouvez également la réaliser en petit ruban de soie ou d'organdi. Vous pouvez ajouter de la fantaisie par des rayures ou en crochetant dans un autre point le tour de tête sur une hauteur de quelques centimètres pour faire un effet de ruban.

CEINTURES EN PAILLE

(Voir illustration p. 35).

L'une est crochetée en maille serrée dans le sens de la longueur en 2 fils. Monter une chainette et en crochetant autour aller et retour afin d'avoir un bout arrondi et l'autre carré, bout où l'on fixe la boucle recouverte de paille.

L'autre ceinture est crochetée en 1 fil tout autour de la chainette, en commençant par 3 rangs bleus, 3 rangs ciel, 3 rangs puce et 2 rangs paille (augmentations de chaque coté).

Fixer 3 crochets derrière l'une des extrémités qui servent à fermer la ceinture.

Repassage à la pattemouille.

CLOCHE EN PAILLE

(modèle cloche tweed).

Même marche à suivre que la cloche en laine tweed — augmentations régulières pour arriver à 55 mailles au 15ᵉ rang — 20 rangs jusqu'au tour de tête. Passez l'élastique à chapeau dans le 21ᵉ rang. Changer de coloris pour le bord et augmenter 1 maille sur 3 pendant un rang. Crocheter droit pendant 6 rangs.

Repasser la calotte à la pattemouille très essorée et le bord presque à sec en l'étirant pour l'évaser.

La paille est dure à crocheter et fait mal aux doigts. Pour l'assouplir, envelopper les écheveaux toute une nuit ou toute une journée dans un linge humide.

Paille mate - 2 fils.
Crochet n° 5
Poids : 150 g.

BONNET MOHAIR EN POINT DE FOURRURE

(Voir illustration p. 35).

Faire une chaînette de 4 ou 5 mailles en anneau.

Piquer le crochet dans la maille, faire passer le fil de manière à former une boucle autour du doigt en faisant un jeté. Tirez une maille, faites un jeté, et couler les 2 mailles. La boucle de fourrure est faite.

Pour les augmentations, faire une deuxième maille dans la même maille sans former de boucle. Augmenter ainsi régulièrement comme pour n'importe quelle calotte jusqu'à 65 mailles au 15e rang.

Pour ce petit béret il faut compter 20 rangs plus 4 rangs de point simple avec des diminutions pour former le tour de tête d'environ 42 mailles.

Laine mohair grattée
Crochet n° 7
Poids : 150 g.

SET DE TABLE

Centre du set point Treillis. Travaillé en ovale, et entouré de fleurettes.

Explication des fleurs : Faire un anneau de 4 mailles, faire dans l'anneau une demi-bride, 5 brides, 1 demi-bride, 5 brides, ainsi de suite pour former une fleur de 4 pétales.

Il faut faire un patron en papier fort et épingler le centre treillis' puis disposer les fleurettes cousues les unes aux autres solidement en rangées autour du centre.

D'après ce système, vous pouvez faire une nappe ronde ou rectangulaire, vous pouvez également faire des sets d'une autre forme ou de très beaux coussins.

Pour les vêtements, ces fleurettes sont très jolies, pour border des cols ronds, ou les mettre au bout des manches d'un corsage. Même dans le bas d'une jupe évasée, cela donne un cachet amusant pour un style très jeune !

Poids : 100 g environ.
Coton Perlé.
Crochet à dentelle

Ici le set ovale mesure 37 cm de long et 30 cm de large environ. Mais vous pouvez le faire rectangulaire dans les mêmes proportions.

(Voir explications pages 32 et 33).

Le bonnet rouge en point de fourrure a le volume d'un petit béret, il est en mohair, mais il peut être très réussi dans d'autres matières.

Le chapeau cloche en laine Tweed se fait également dans toutes les laines, ou paille, ou velours.

Les ceintures, ici en paille, seraient également réussies en petit ruban, ou en soie.

MODÈLES DE VÊTEMENTS

BLAZER *(Voir illustration p. 19).*

Le plus classique et le plus pratique de tous les vêtements au crochet. On peut varier les détails.

Partant d'un bon patron qui vous va bien, bâtissez votre modèle avec ou sans col, muni de poches appliquées dont vous calculez les proportions qui vous vont le mieux, en découpant des patrons en papier. Vous pouvez aussi faire des poches intérieures comme sur ce modèle.

Variez le nombre des boutonnières.

Faites un empiècement d'une couleur différente à partir de l'emmanchure.

Ce genre de veste est également très réussi dans toutes les laines tweed.

Crocheter serré et bien repasser les devants l'un sur l'autre à la pattemouille, ainsi que les manches pour que les morceaux soient bien pareils.

Point : demi-bride.
Laine plate : 4 fils.
Crochet n° 3 1/2.

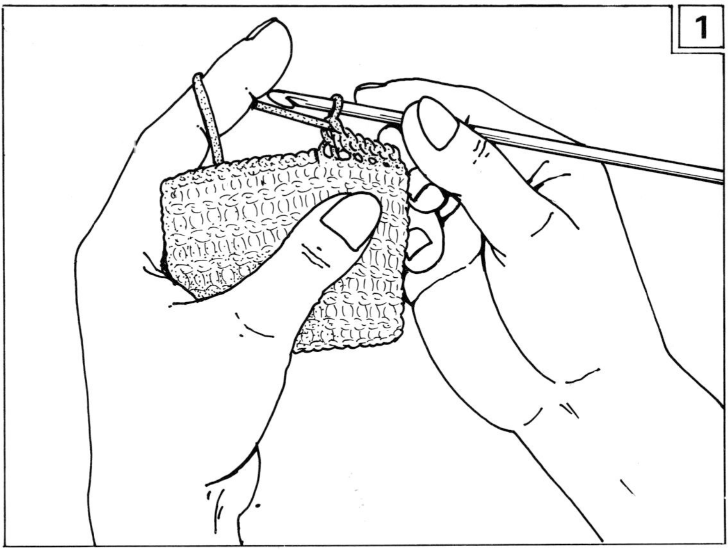

Les trois mouvements de la demi-bride.

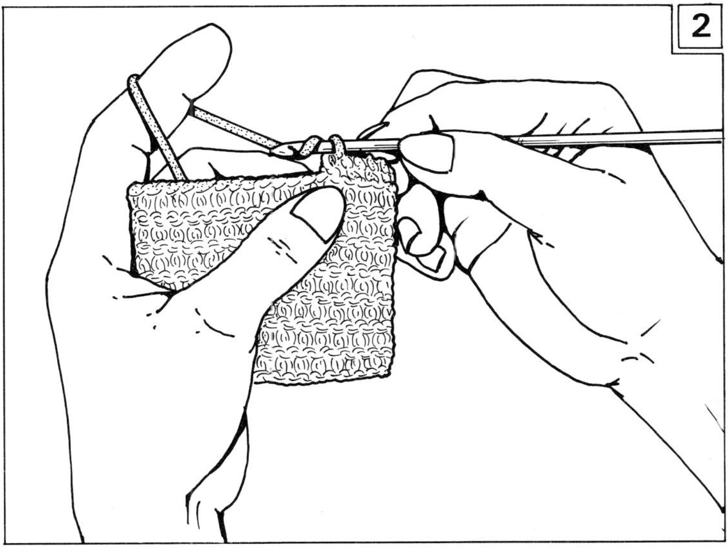
2

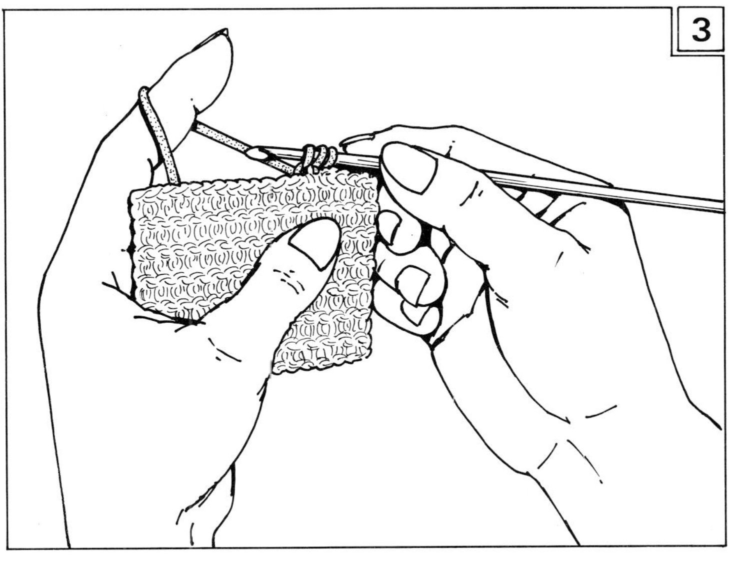
3

Détail des poches

Crocheter sur toute la largeur de la fente, en reprenant les mailles du haut, une dizaine de rangs qui forment l'intérieur de la poche. Vous le cousez à petits points contre le vêtement.

Explication du

BLAZER - VESTE CLASSIQUE (demi-bride) taille 42

(Voir illustration p. 18 et 19).

Dos : Monter une chaînette de 76 mailles, travailler tout droit jusqu'à une hauteur de 33 cm. Au rang suivant, augmenter de 1 maille de chaque côté au rang suivant encore 1 maille de chaque côté. Pendant 4 rangs vous diminuez d'une maille de chaque côté au début du rang. Continuer tout droit.

A 48 cm du bas séparer le travail en 3 parties : 23 mailles, 26 mailles, 23 mailles (pinces du dos).

Travailler le côté droit tout droit sur 5 cm en diminuant 1 maille au 1er rang et 1 maille au 3e rang (côté pince). Continuer l'épaule en faisant tomber en 6 cm en biais (épaule) toutes les mailles restantes. Faire la même chose du côté gauche.

Reprendre les 26 mailles du milieu, diminuer simultanément des deux côtés 2 fois 1 maille. Encolure à 60 cm du bas, faire tomber 18 mailles au milieu et 2 fois 1 maille de chaque côté. Le dos est terminé.

Côté droit devant : Faire une chaînette de 66 mailles. tricoter tout droit sur 9 cm à 1 cm du bord, former la 1re boutonnière, faire 3 mailles en l'air, sauter 3 mailles. Faire 2 autres boutonnières à 14 cm les unes des autres.

A 15 cm du bas et à 7 cm du bord tricoter 20 mailles en l'air, sauter 20 mailles ouverture de la poche. Tricoter tout droit jusqu'à 30 cm à 8 cm du bord tricoter 15 mailles en l'air, sauter 15 mailles (ouverture 2e poche).

A 35 cm du bas (côté emmanchure) côté gauche de votre travail tricoter 4 mailles, revenir en laissant tomber 1 maille de chaque côté, finir sur 2 mailles. Laisser un creux de 8 mailles et reprendre votre travail en laissant tomber 7 fois 1 maille pour l'emmanchure à 38 cm du bas. Séparer votre travail en deux, côté boutonnière 12 cm, côté manche 11 cm (pince de poitrine).

Côté boutonnière travailler tout droit 14 cm, augmenter 1 maille 2 fois côté pince. A 16 cm laisser 8 mailles côté revers et continuer en diminuant 2 mailles chaque rang 3 fois. Faire tomber le restant en biaisant pour l'épaule en 4 rangs.

(Voir page 40, conseils).

GROS MANTEAU-VESTE MOHAIR 2 FILS

Remarquer les poches, les revers et le col crochetés dans le sens contraire au corps.
Important : les 2 boutonnières dans le col, qui permettent de le porter fermé en entonnoir.
Les boutons recouverts qui font de l'effet dans les gros vêtements peuvent être remplacés par des boutons de bois.

Continuer à gauche du travail (côté emmanchure), diminuer 4 mailles, 3 mailles, 2 mailles, 3 fois 1 maille. Simultanément, diminuer côté pince de poitrine 3 fois 1 maille.

A 55 cm du bas biaiser l'épaule sur 6 cm. Le côté droit est terminé. Faire le côté gauche du devant en vis-à-vis sans boutonnières.

Manche : Monter une chaînette de 60 mailles et tricoter 20 cm Entre 20 et 30 cm faire 3 augmentations d'une maille de chaque côté. A 30 cm diminuer 3 fois 3 mailles de chaque côté, ensuite 2 mailles à chaque début de rang jusqu'à ce qu'il ne reste plus que 12 mailles. La manche est terminée. Faire l'autre de la même façon.

Col : Monter une chaînette de 74 mailles. Travailler sur 6 cm en diminuant de 1 maille 2 fois des deux côtés. Reprendre les poches sur les haut et tricoter 5 cm que vous coudrez à l'intérieur. Coudre les coutures et monter le col et finir le tout avec une bordure de 1 rang de mailles serrées.

Les grands gilets rustiques, inusables et pratiques, sont assez faciles à faire et on les exécute rapidement.

Vous pouvez faire ces gilets dans des laines tweed ou en mélangeant 2 ou 3 couleurs. Vous pouvez les border de plusieurs rangs de couleurs différentes.

GILET DE BERGER *(Voir illustration p. 47).*

Vêtement pour homme et femme en grosse laine brute, très pratique, et très solide. Se crochète en commençant par le bas et en faisant quelques rangs d'augmentations pour former l'arrondi devant.

Bien creuser l'emmanchure et faire une épaule étroite.

Border soigneusement tout l'ouvrage d'un rang de crochet bien net.

Repasser le tout à la pattemouille.

Les coutures de côté et d'épaule doivent être cousues au fil à coudre ton sur ton en coutures bord à bord.

Pour ce genre de vêtement il est conseillé de se faire d'abord un patron en toile que l'on ajuste sur soi, afin de mettre au point l'arrondi devant et les grandes emmanchures.

Laine rustique
Point maille serrée
Crochet n° 7
Poids : 1 kilo environ.

MANTEAU-VESTE MOHAIR *(Voir illustration p. 39).*

Ample vêtement très confortable à porter sur plusieurs épaisseurs (chemisier + pull ou petite veste). Très chaud, crocheté en mohair gratté 2 fils, dans le sens de la longueur. Forme raglan, 4 boutonnières

— boutons recouverts au crochet. Col à 2 boutonnières très pratique pour bien protéger le cou. Deux poches confortables.

Dimensions :

Dimensions poches : 18 × 18

Poignets : 10 de haut - 25 de tour

Col : 20 × 60

Montage : coudre avec une grosse aiguille bord à bord avec la même laine.

Les vêtements crochetés en laine mohair ont tendance à s'élargir quand on les porte. C'est pourquoi ce manteau-veste est crocheté en longueur. Cela évite l'élargissement et également l'allongement.

Le crochet en 2 fils de mohair donne une texture très épaisse.

Cela n'est valable que pour les manteaux ou de très gros pulls d'hiver.

PULL PANIER (POINT DE VANNERIE)

Les gros pull-overs sont toujours agréables et confortables.

Voici un exemple de point qui fait tout le chic du modèle.

La forme est archisimple!

D'après cette forme vous pourrez inventer d'autres pulls dans tous les points, à gros relief ou en faisant des effets de rayures contrastées.

Crocheter assez lâche dans une forme kimono :

2 rectangles pour le corps

dimensions : longueur 67 cm
largeur 50 cm

2 rectangles pour les manches

dimensions : longueur 55 cm
largeur 38 cm

Pour une taille 40 à 42.

Coudre avec la même laine, à l'aiguille.

Repasser ce point le moins possible ou pas du tout pour bien lui garder son relief! Dans ce point plus la laine est épaisse plus le point est spectaculaire.

Poids : 300 g environ
Laine : grosse laine 6 fils
Point vannerie
Crochet n° 7

POINT DE VANNERIE

(Voir dessins p. 44-45 et illustration ci-contre).

Explication : Faire une chaînette. Au 1er rang commencer dans la 3e maille à partir du crochet et faire une bride dans toutes les mailles de la chaînette.

Au 2e rang, faire 2 points de chaînette pour tourner « puis crocheter 3 brides en piquant sur le devant du travail entre les jambages des 3 brides du rang précédent, faire les 3 brides suivantes en piquant derrière le travail ».

Faire 3 rangs ainsi, puis contrarier le dessin du travail les 3 rangs suivants, puis refaire la même chose que le premier dessin, etc.

JUPE LONGUE ET CHALE (MOHAIR 1 FIL).

(Voir illustration p. 63).

Très confortable à porter à la saison où il n'y a plus ou pas encore de chauffage (printemps ou automne). Voici une jupe particulièrement douillette que vous pouvez faire dans d'autres points dentelle et dans d'autres laines. Il vous suffit de prendre un patron de jupe évasée à 4 lés ou à 3 seulement. Pour le châle faites un patron en papier.

Ici le mohair est utilisé en point de dentelle pour alléger le vêtement. Ce fil ne doit jamais être crocheté serré; cela donnerait une texture feutrée et opaque qui n'est pas du tout jolie, alors que le numéro du crochet bien choisi donne un ouvrage très moelleux.

Jupe à 4 lés, évasée dans le bas, montée sur élastique à la taille. Coudre à la machine à coutures ouvertes pour que celles-ci soient bien nettes.

Châle de bonnes proportions :
largeur en haut 1,80 m,
hauteur à la pointe 1,10 m,
hauteur des franges 20 cm.

Faire des franges doubles et assez fournies, il n'y a rien de plus triste que des franges maigres !

Crocheter la jupe trop courte car inévitablement elle s'allongera de 5 cm. Le châle aussi devra être exécuté un peu plus petit, le mohair s'agrandit toujours dès qu'il est porté.

Point de V
Crochet n° 6
Poids : 1,250 kg environ.

EXPLICATION DU POINT V

(Voir dessins p. 56-57 et illustration p. 59).

Faire une rangée de demi-brides. Tourner. Faire 3 mailles en l'air' sauter une maille, faire 1 bride dans la maille suivante, 1 maille en l'air, 1 autre bride dans la même maille, sauter une maille, et recommencer.

Les rangs suivants piquer toujours dans la maille en l'air, au milieu du V.

PULL EN POINT DE VANNERIE

(Voir p. 41-42).

Le parement est fait d'une pièce avec la manche, l'envers et l'endroit du point étant identiques.
La couture d'épaule cousue avec la même laine ne se voit pratiquement pas.
Dans ce point, vous pourrez faire de magnifiques vestes ou manteaux, des écharpes somptueuses.

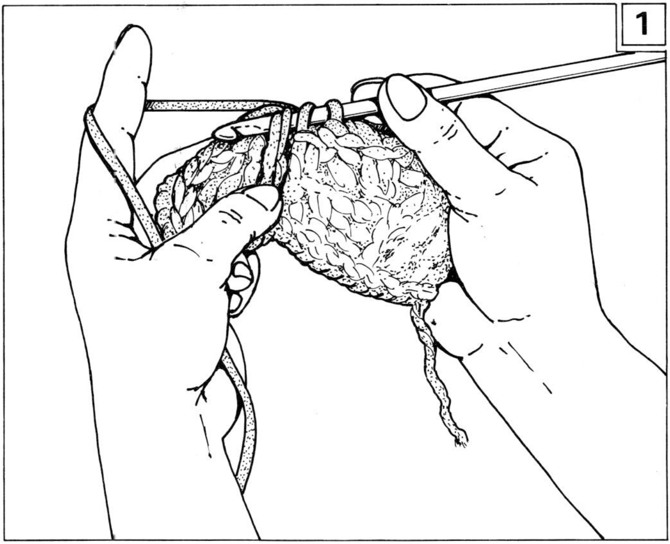

Bride prise par-devant.

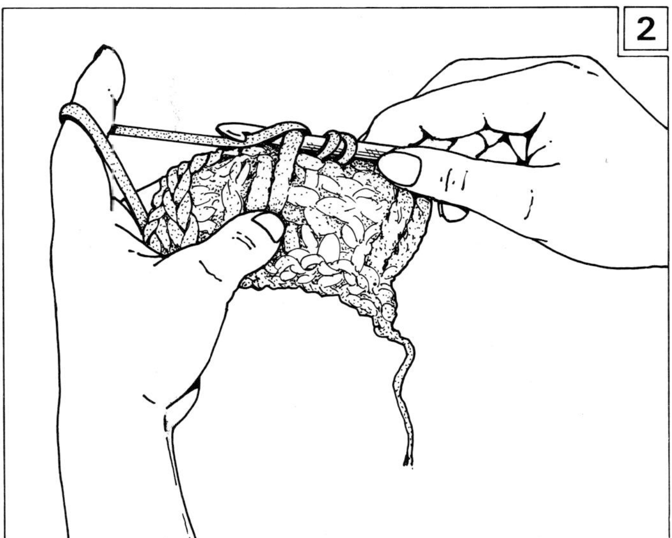

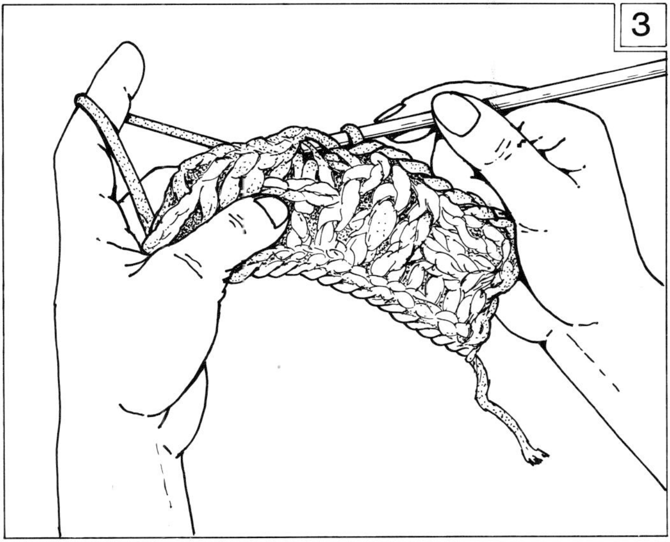

Suite du point de vannerie.

Bride prise par-derrière.

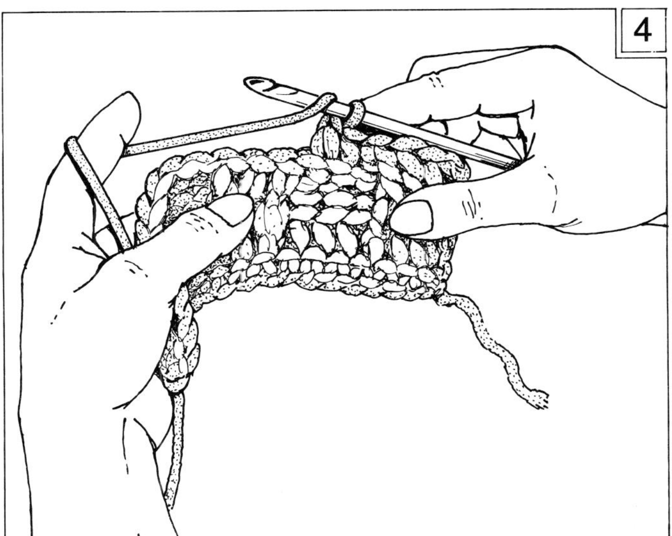

ROBE GRILLE RAYÉE EN COTON TRAVAILLÉE EN LARGEUR

(Voir illustration p. 26-27).

Ici le point grille est utilisé en 3 tons : 2 rangs bleu roi, 2 rangs ciel, 2 rangs blancs.

Vous pouvez réaliser ainsi tous les camaïeux du beige au blanc en passant par l'écru, du vert foncé au vert très pâle, du grenat au rose lavé. C'est toujours réussi ;

PULL CHENILLE VELOURS, POINT TREILLIS

(Voir p. 55, conseils).

Le crochet doit rester souple et léger. Ne pas repasser les ouvrages au crochet en chenille, ou à peine, avec fer tiède sans appuyer, sur un linge humide.

GILET DE BERGER

(Voir page 40, conseils).

Gilet de berger en laine rustique. Cette laine très irrégulière demande à être travaillée serré et nécessite une bonne mise en forme au repassage avec linge très humide. Une fois bien apprêté au fer, ce genre d'ouvrage ne bouge plus.

Dans ce point et ces rayures, les formes les plus simples sont les plus jolies.

Vous pouvez y ajouter une petite ceinture et faire des manches.

Crochet n° 3 1/2

Coton fin

Poids : 300 g environ.

POINT GRILLE *(Voir illustration p. 26).*

Explication

Faire une chaînette.

1er rang : 1 rang de demi-brides.

2e rang : 3 mailles en l'air, 1 bride, sauter une maille, faire 3 brides en piquant 3 fois dans la même maille, sauter une maille, faire 1 bride, sauter une maille, faire 3 brides dans la même maille, ainsi jusqu'au bout.

3e rang : Tourner le travail. 3 mailles en l'air, 3 brides dans la bride suivante, 1 bride au milieu des 3 brides du 2e rang, 3 brides dans la bride seule, 1 bride au milieu des 3 brides, jusqu'au bout.

Ainsi de suite à chaque rang, contrariant le rang précédent : 1 bride dans le milieu des 3 brides, 3 brides dans la bride seule.

Bien repasser le travail à la pattemouille une fois fini.

SHORT ET BRASSIÈRE (point pavé)

Explication du point pavé : voir robe de petite fille.

SHORT *(Voir illustration p. 50).*

Côté devant : Faire une chaînette de 68 mailles, commencer par le bleu. Faire 3 rangs de pavés tous droit. Au 4e rang diminuer pour l'entre-jambes de 4 mailles. Au 5e diminuer de 2 mailles. Au 6e diminuer de 2 mailles. Travailler 7 rangs tout droit. Au 13e rang diminuer de 2 mailles, au 14e de 2 mailles, au 15e diminuer 2 mailles, finir le travail à 21 rayures. Tricoter vis-à-vis pour l'autre côté.

Côté dos : Faire une chaînette 70 mailles tricoter 3 rangs de pavés tout droit. Au 4e rang diminuer pour l'entre-jambes de 4 mailles. Au 5e tricoter droit. Au 6e diminuer 2 mailles, et faire 9 rangs tout droit.

Au 15e rang diminuer 2 mailles, le 17e tout droit, le 18e diminuer 2 mailles, au 19e diminuer 2 mailles. Aux 20e et 21e rangs tout droit. Tricoter l'autre côté en vis-à-vis.

BRASSIÈRE *(Voir illustration p. 50).*

Dos : Faire une chaînette de 102 mailles et tricoter tout droit 11 rangs de pavés en alternant les 2 couleurs, commencer par le bleu marine. Au 12e rang diminuer 2 mailles des deux côtés. Au 13e rang 1 maille. Tricoter 8 rayures alternant bleu et jaune à la 9e et 10e biaiser l'épaule en 2 fois. Finir le dos (encolure) droit sur la rayure jaune au 24e rang.

Devant : Faire une chaînette de 104 mailles et tricoter tout droit jusqu'à la 8e rauyre (jaune). Augmenter de 2 mailles. Au 9e rang (bleu) augmenter de 2 mailles. Au 10e rang augmenter de 2 mailles. Au 12e rang diminuer (emmanchure) 4 mailles sur rayure jaune. Au 13e rang de 4 mailles sur rayure bleue. Au 14e rang 2 mailles sur rayure jaune. Au 15e rang 2 mailles sur rayure bleue. Au 16e rang 2 mailles sur rayure jaune. Tricoter 3 rayures tout droit. Au 20e rang augmenter de 2 mailles de chaque côté. Au 21e rang 2 mailles de chaque côté. Au 22e rang couleur jaune faire tomber au milieu 36 mailles, biaiser l'épaule comme le dos en 2 fois et arrondir le décolleté de devant en même temps en faisant tomber 3 mailles de chaque côté, 2 mailles.

Coudre. Pas de finitions petit ourlet autour des bras.

Coton fin.
Crochet n° 3 1/2
Poids : 350 g.

ROBE DE PETITE FILLE *(Voir illustration p. 50).*

Robe toute simple de coupe mais ornée de 4 rayures d'un coloris différent en bas et en haut de l'ouvrage.

Il suffit de faire 1 rang de pavés sur 2 dans l'autre couleur.

Point pavé, utilisé en rayures.

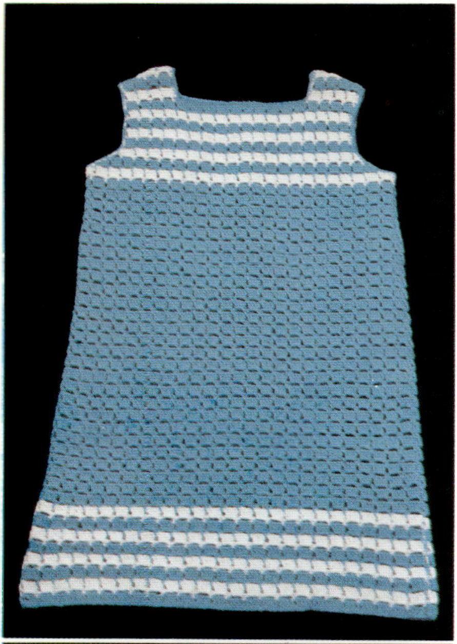

La robe de petite fille point pavé est légère et facile. On peut également l'exécuter entièrement rayée.

(Voir explications p. 51).

Le short et la brassière dans le même point sont simples et sans complication. Le short a 4 coutures, 2 de côté et 1 au milieu devant et milieu dos.

(Voir explications p. 48).

Ce point réussit de jolies robes, légères à porter, sur un fond de robe.

Il convient également très bien pour des corsages simples en laine, fine, en coton, en soie.

Vous pouvez également en faire des vêtements multicolores en changeant de couleur à chaque rang de pavés.

Faites des dégradés toujours beaux et raffinés, allant du marron au blanc, en passant par tous les tons de beige et de roux ou allant du marine au ciel le plus pâle, en passant par tous les tons de bleu que vous aimez. Terminez le haut du vêtement par le ton le plus pâle, toujours flatteur au visage.

Poids : 250 g pour *4 ans.*

Explication point pavé *(Voir illustration p. 49).*

Faire 3 m en l'air puis tourner. Puis 4 brides prises dans les 4 m. Ch suivante, 1 maille en l'air, sauter 1 maille de la chaînette, terminer par 4 brides.

Au 2e rang, 4 mailles en l'air, 1 m serrée en piquant le crochet sous la m en l'air du rang précédent.

Au 3e rang faire des groupes de 4 brides séparées par 1 m en l'air en piquant le crochet dans l'arceau formé par les 4 m en l'air du rg précédent.

ROBE PETITE FILLE (POINT PAVÉ)

Crochet n° 4 pour laine fine ou coton DMC

2 couleurs : bleu et blanc

Explication : Monter une chaînette de 106 mailles. Tricoter 1 rang en pavé bleu, 1 rang blanc, 1 rang bleu, 1 rang blanc, 1 rang bleu en alternant toujours les 2 couleurs.

A 50 cm du bas faire 1 rang blanc. Faire les diminutions sous les bras de 5 mailles, le rang bleu suivant diminuer de 4 mailles, le rang suivant 4 mailles. Faire 5 rangs : 1 bleu, 1 blanc, 1 bleu, 1 blanc, 1 bleu.

Pour former l'encolure ne plus travailler que sur 4 pavés blancs, bleus. Finir sur le blanc en biaisant l'épaule.

Reprendre 4 pavés à gauche de votre travail pour l'autre épaule.

Faire le dos de la même façon. Coudre et finir l'encolure et l'emmanchure avec 1 point de demi-brides en bleu.

BOLÉRO ROSE (DEMI-BRIDE)

(Voir illustration p. 6 et 7).

Dans ce boléro tout simple en mailles serrées, ce qui est important c'est la bordure, qui donne un aspect fini et très soigné à l'ouvrage. Il est bordé 3 fois, c'est-à-dire 1 premier rang même coloris que l'ouvrage, un 2e rang coloris différent, un 3e rang coloris de l'ouvrage. Cela donne un effet de lisière.

Il est important de bien marquer le coin du décolleté en repiquant 3 fois dans la même maille au coin et à chaque rang de bordure; pour l'arrondi devant, augmenter de temps en temps d'une maille pour que la bordure ne rentre pas. La repasser soigneusement une fois terminée à l'envers et à la pattemouille.

Exécution :

Dos : Faire une chaînette de 78 mailles. Tricoter tout droit 31 cm; diminuer simultanément à droite et à gauche 2 mailles 2 fois, et 1 maille 5 fois.

A 44 cm, du bas diviser le travail en 3 morceaux : 9 cm de chaque côté, 12 cm au milieu (pinces dos). Tricoter les 2 côtés en diminuant 2 fois 1 maille côté milieu.

A 48 cm, à gauche et à droite, biaiser l'épaule en 4 cm, il doit rester 7 mailles que vous tombez tout droit.

Reprendre les 12 cm du milieu dos, tricoter en diminuant 1 maille de chaque côté aux 8e et 10e rangs.

A 51 cm le dos est terminé.

Devant droit : Monter 28 mailles chaînettes, augmenter d'une maille à chaque fin de rang à droite de votre travail pour obtenir un arrondi.

A 19 cm de hauteur, vous devez avoir 26 cm de largeur, tricoter tout droit jusqu'à 31 cm.

Pour l'emmanchure laisser tomber 6 mailles, 4 mailles et 3 mailles, ceci 3 fois.

A 35 cm du bas, diviser le travail en 2 (pinces poitrine). A 5 cm de l'emmanchure et 12 cm du bord devant. Travailler les 12 cm tout droit jusqu'à une hauteur de 42 cm à partir du bas.

Pour l'encolure, laisser 9 mailles à droite, continuer le travail en diminuant 1 fois 1 maille, 1 fois 2 mailles, jusqu'à 3 mailles de la fin. Vous devez arriver à 51 cm du bas.

Reprendre le côté emmanchure, faire encore 1 diminution de 1 maille, travailler tout droit jusqu'à 49 cm du bas. En cours de travail diminuer 2 fois 1 maille sur le côté pince.

A 49 cm, biaiser l'épaule en 3 cm, le travail est fini.

Faire le devant gauche en vis-à-vis.

Coudre et faire la bordure en mailles demi-brides 1 rang blanc, 1 rang rose, 1 rang blanc.

Crochet n° 3
Poids : 300 g
Laine bouclette fine.

POINT TREILLIS

(Voir illustration ci-dessous). *(suite page 54)*

Faire une chaînette puis 1 jeté. Piquer dans la 7e maille. Faire 2 mailles en l'air, 1 jeté, piquer dans la 10e maille, 2 mailles en l'air, 1 jeté, piquer dans la 13e maille, 2 mailles en l'air, ainsi de suite, toutes les 3 mailles jusqu'au bout du rang.

Les rangs suivants sont identiques.

CHALE TREILLIS *(Voir illustration p. 62).*

Ici il est en coton, mais vous pouvez le faire en laine ou en mohair léger. Il est également très joli en petite bouclette, et somptueux en soie!

Ce genre de point à dessin géométrique fait plus nouveau que tous les points coquille et dentelle de tous genres que l'on a beaucoup vus. Il est incomparablement plus moderne. Les grandes écharpes dans le même esprit avec de longues franges à chaque bout seront également très réussies.

Point treillis
Poids : 500 g
Crochet n° 4
Coton 4 fils (coton de culotte)

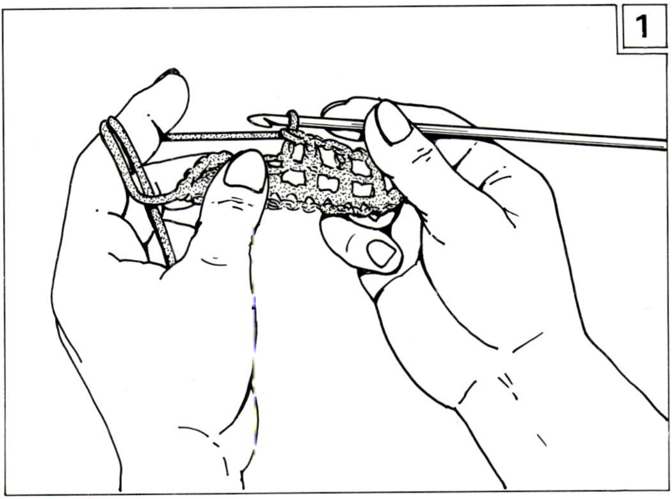

Les trois mouvements du point treillis.

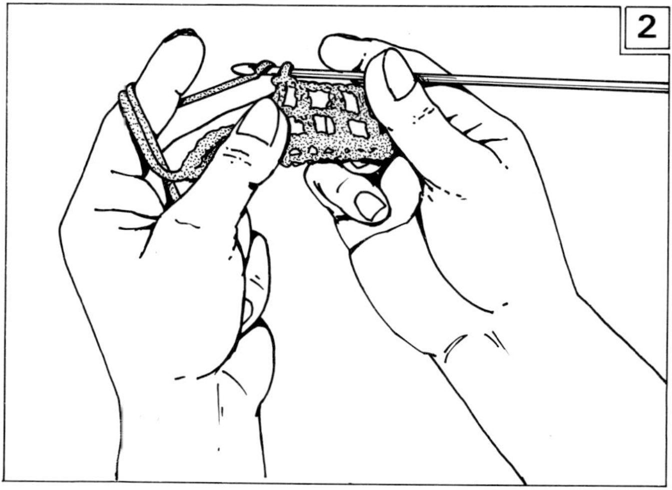
2

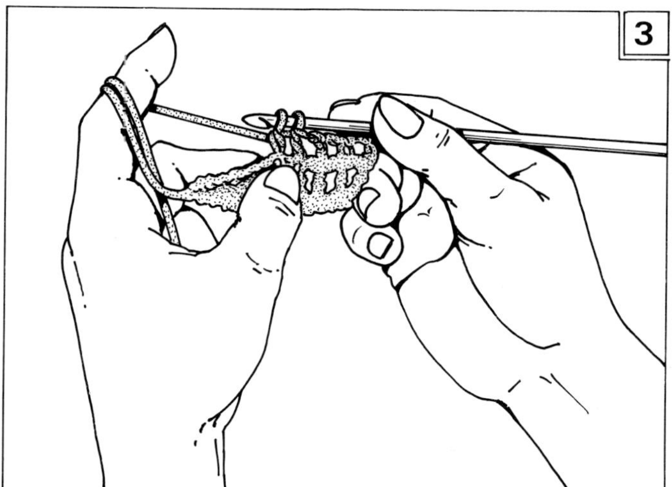
3

PULL CHENILLE DE VELOURS

(Voir illustration p. 46).

La chenille de velours est difficile à travailler mais pour de petites pièces elle donne des vêtements élégants.

Dans les points serrés, il faut faire attention aux inégalités de la chenille qui ressortent beaucoup, c'est pourquoi il est conseillé de faire des points fantaisie et surtout dentelle. Ici le point treillis donne un pull-over qui n'est pas opaque et reste souple.

Quand on travaille, la chenille vrille, aussi faut-il faire attention aux tortillons qui peuvent se former derrière l'ouvrage si l'on n'y prend garde.

On peut réaliser en chenille des bonnets, des chapeaux, très doux au visage, des écharpes, de petits gilets, de petits sacs doublés de soie. Tous ces accessoires en velours peuvent être ravissants au crochet.

Crochet n° 4
Point treillis
Poids : 300 g.

ROBE MATIÈRE RAYONNE POINT DE V

(Voir illustration p. 59).

Ce point qui est beau en mohair rend également très bien dans les matières habillées. Ici c'est une rayonne qui, crochetée dans une forme simple, avec boutonnage sur le côté, donne une robe facile à porter. Les boutons boules recouverts du même crochet apportent un détail raffiné.

Ce travail demande à être tendu au repassage au fur et à mesure de l'ouvrage.

Les boutonnières sont faites dans la bordure qui termine l'ouvrage. 2 rangs de bordure suffisent pour faire des boutonnières qui tiennent.

Crochet n° 3 1/2
Point de V (voir jupe longue + châle)
Poids : 700 g.

ROBE BLANCHE EN POINT DE V TAILLE 42

Faire une chaînette de 116 mailles. Tricoter 10 rangs tout droit.

11e rang : diminuer simultanément à droite et à gauche 2 mailles, recommencer ces diminutions tous les 4 rangs.

Au 53e rang, séparer le travail en deux. Vous avez côté gauche 29 mailles et côté droit 57 mailles.

Côté gauche : Faire 14 rangs tout droit. Au 15e rang diminuer 4 mailles. Au 16e rang diminuer 3 mailles. Au 17e rang 2 mailles. Au

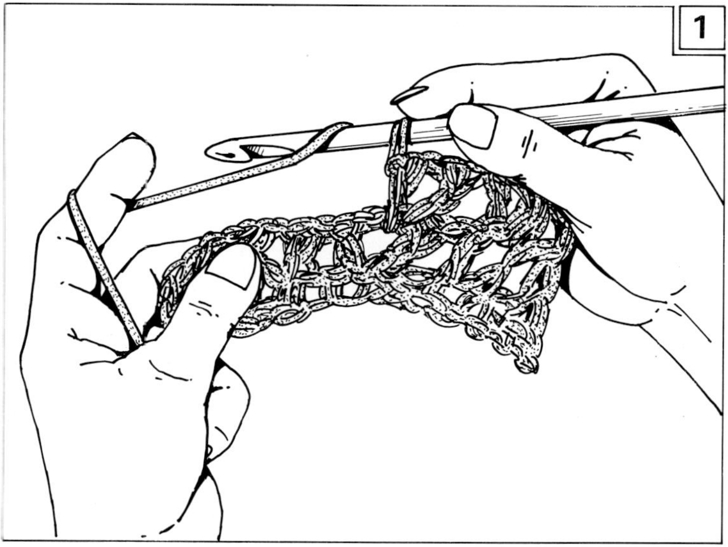

Point de V.

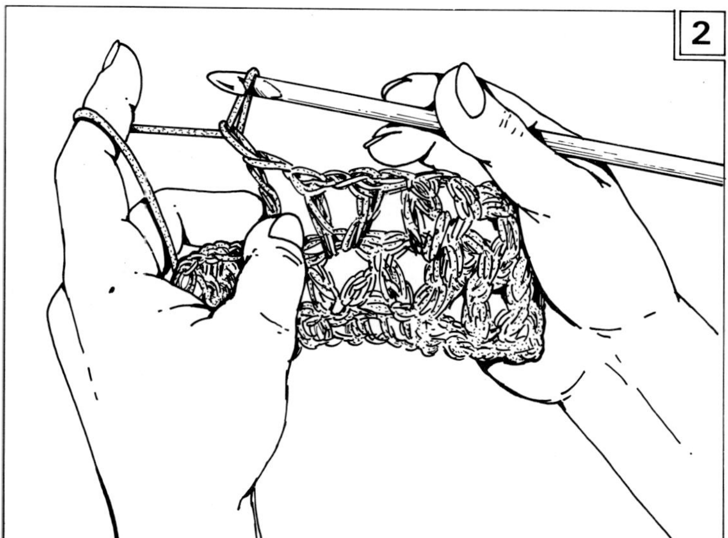

18e rang 2 mailles, au 19e rang 1 maille. Le 14e rang tout droit. Finir en biaisant l'épaule en 3 fois.

Côté droit : Reprendre le côté droit et travailler comme pour le côté gauche jusqu'au 30e rang. Vous avez 45 mailles. Faites tomber 13 mailles au milieu de l'ouvrage. Vous avez 20 mailles à droite et 12 mailles à gauche. Faire les 3 rangs qui restent en faisant tomber 3 fois 1 maille de chaque côté (encolure). Finir le côté droit en biaisant l'épaule en 3 fois. Côté gauche tout droit.

Manches : Monter une chaînette de 52 mailles, tricoter tout droit 21 rangs. Au 22e rang, augmenter de 2 mailles de chaque côté. 24e rang : 2 mailles de chaque côté. 26e rang 2 mailles de chaque côté. Travailler tout droit jusqu'au 30e rang. Au 31e, faire tomber 4 mailles de chaque côté. Au 32e faire tomber 3 mailles. Au 34e 3 mailles, au 35e 3 mailles, au 36e 2 mailles, au 37e 2 mailles, au 38e 2 mailles, au 39e 2 mailles. Faire la 2e manche de même.

Finir l'encolure et l'ouverture de devant par un point de demi-bride en faisant sur le côté droit 13 brides pour les boutonnières.

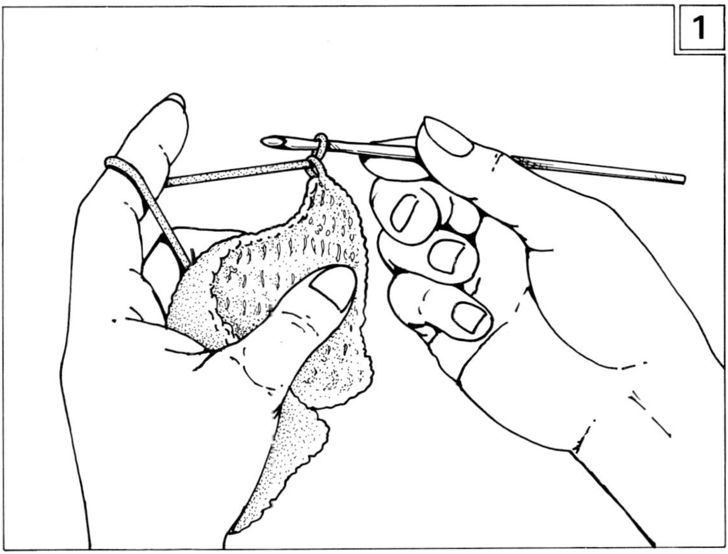

Mouvements du point de bride. *(suite p. 60)*

SET DE TABLE A FLEURETTES, EN COTON

(Voir page 34, conseils).

Peut se faire également avec 2 tons de fleurettes, 1 rang d'une couleur, 1 rang d'une autre couleur.

Coudre solidement les fleurettes les unes aux autres avec le même coton.

Le rang de barrettes entourant et séparant les fleurettes est fait en point de bride.

ROBE RAYONNE POINT DE V

(Voir explications p. 55).

Boutonnage de la robe rayonne point de V. Border d'abord la fente d'ouverture, puis refaire 2 rangs en formant les boutonnières. Les petits boutons boules se font sur des perles de plastique.

Cette robe dans cette matière ou en laine fine, voire en coton, peut être transformée en tunique sur jupe ou sur pantalon assorti, dans le même point et légèrement doublé. Le boutonnage est facultatif.

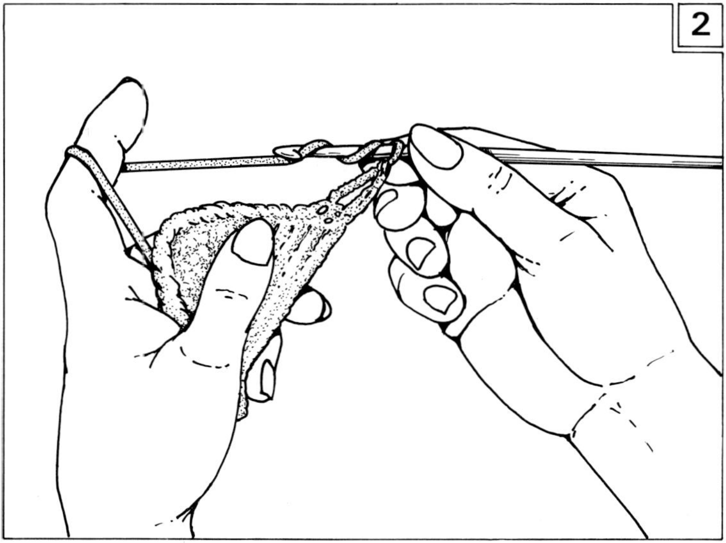

Point de bride (suite).

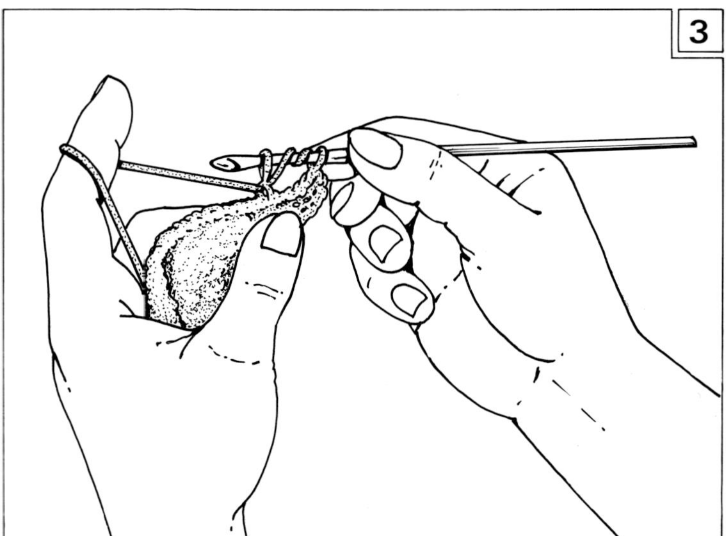

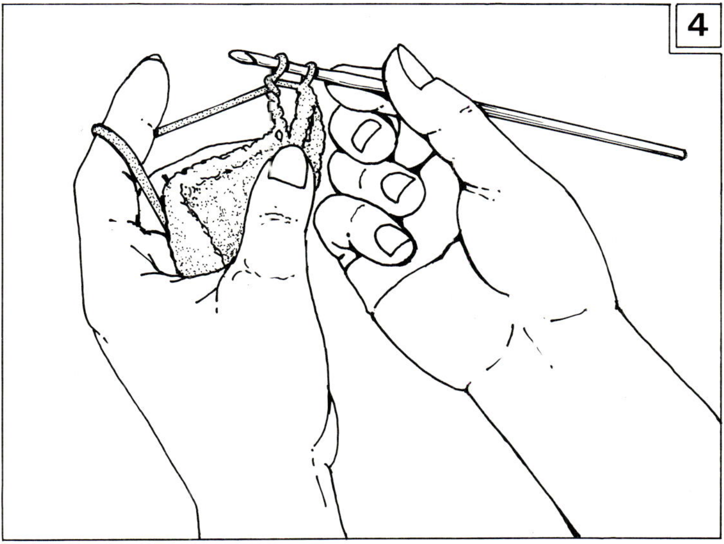

Point de bride (fin).

MANTEAU CHINOIS TAILLE 42

(Voir illustration p. 2).

Faire une chaînette de 86 mailles. Tricoter en brides tout droit 61 rangs. Au 62e rang ajouter de chaque côté 43 mailles ce qui vous fait 172 mailles. Tricoter tout droit 23 rangs.

Encolure : dans le milieu dos faire tomber 12 mailles. Continuer à travailler le côté droit, à chaque rang faire tomber une maille 6 fois côté encolure. Vous avez 74 mailles. 2 rangs droits, ensuite 6 rangs en augmentant toujours côté encolure 2 mailles. Au 7e rang augmenter 7 mailles d'un coup. Tricoter tout droit jusqu'à avoir 60 rangs pour la manche. Faire tomber 43 mailles et continuer tout droit 61 rangs, finir. Faire la même chose pour le côté gauche.

Coudre et faire les bordures en mailles demi-brides sans oublier de faire sur le côté droit les boucles pour les boutonnières.

Crochet n° 3 1 2
Soie sauvage
Poids : 500 g
Point bride.

CHALE EN COTON

(Voir p. 53, conseils).

Châle en coton, point treillis, rend très bien en laine, est superbe en soie. Bien couper le bout des franges, assez fournies.

ROBE TRICOLORE TAILLE 42 *(conseils).*

Ici le point est composé de 3 sortes de points, rajoutés les uns aux autres, et différenciés par la couleur (3 couleurs). Cette robe est en coton, vous pouvez faire ce genre de robe en laine et vous pouvez utiliser ce travail de points en pull, en écharpes, en châles.

Ce travail donne une matière aérée, légère, agréable pour la demi-saison et l'été. Pour la robe qui est transparente, il faut prévoir un fond en tissu.

Faire une chaînette, un rang de mailles serrées.

1er rang : (bleu) 3 mailles en l'air, sauter une maille, et faire 3 brides dans la maille suivante, « sauter 2 mailles, faire 3 brides dans la maille suivante ».

2e rang : (orange) Faire une maille en l'air, piquer au milieu des 3 brides, faire une maille serrée « 3 mailles en l'air, piquer au milieu des 3 brides suivantes, faire 1 maille serrée ».

3e rang : (jaune) 1 rang de mailles serrées.

4e rang : (orange) 1 maille en l'air, piquer dans le milieu des 3 mailles en l'air, 1 maille serrée, 3 mailles en l'air, piquer dans le milieu des 3 mailles en l'air, 1 maille serrée, etc...

5e rang : (bleu) « 3 mailles en l'air, et 3 brides dans le trou des 3 mailles en l'air ».

Coton 4 fils (coton de culotte)
Poids : 750 g environ.

JUPE LONGUE + CHALE MOHAIR, POINT DE V

(Voir p. 42, conseils).

Cet ensemble est également réussi dans des matières d'été, coton ou rayonne, il devient alors très léger, estival ou habillé.

Dominique FONTANILLE

LE
TISSAGE

Illustrations de Bernadette THOREL

Photos et dessins
ont été réalisés à partir des métiers HARRIS
(Fournisseur français : MALOURENE, 13, rue Lacépède, Paris)

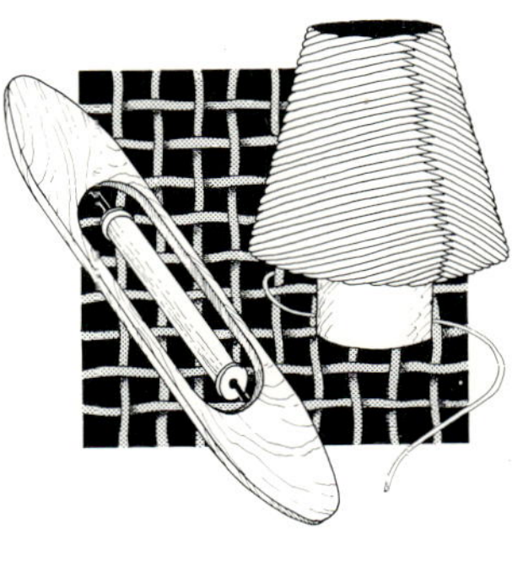

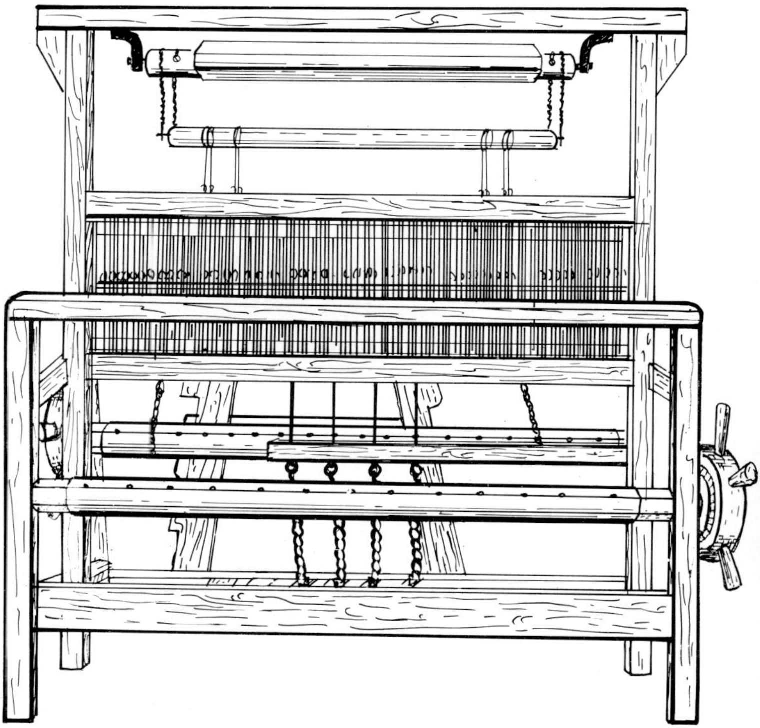

Arrière d'un métier à tisser.

Le tissage à la main est un art d'une grande logique, qui exige de la patience, de l'attention et de l'imagination.

Cinq éléments sont essentiels afin d'être dans de bonnes conditions pour tisser :

— Ne pas être pressé, impatient.

— Bien connaître son métier et ses possibilités.

— Etre bien éclairé. Le néon ne peut remplacer la lumière du jour, qui doit venir du côté droit ou du côté gauche du métier. Mais si un éclairage électrique se révèle indispensable, qu'il éclaire alors principalement la surface comprise entre le point de travail et les cadres.

— Avoir suffisamment de place afin de pouvoir tourner confortablement autour du métier. Toutes les parties du métier doivent être accessibles.

— Enfin, le métier et les matières premières doivent se trouver dans une pièce bien tempérée : ni trop chaude, ni trop humide, ni trop sèche. La matière et certains éléments du métier risqueraient de s'abîmer.

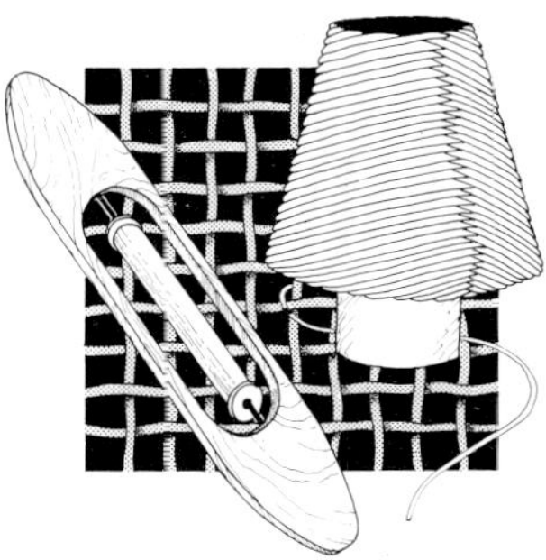

LES MATIÈRES

Mon but, en écrivant ce chapitre, n'est pas de faire un cours sur les différentes matières qui existent, mais plutôt de donner un aperçu sur ces fibres dont on parle si souvent, mais dont on connaît rarement les tenants et aboutissants.

Dans les fibres utilisées à l'heure actuelle en tissage, on peut faire deux grandes classifications :

1 - LES FIBRES NATURELLES :

A - *Les fibres végétales* que l'on trouve suivant les plantes, soit dans la graine, soit dans la tige, soit dans la feuille ou encore dans le fruit.

B - *Les fibres animales :* la laine, le fil de soie.

C - *Les fibres minérales* provenant de l'or, de l'argent, du cuivre.

2 - LES FIBRES CHIMIQUES :

A - *Les fibres artificielles* (cellulosique) ; rayonne, cupro et acétate.

B - *Les fibres synthétiques :* polyamide, polyester.

De la matière brute, diverses opérations sont effectuées pour avoir un « filé », c'est-à-dire le fil utilisé par le tisserand. Celui-ci fait alors deux distinctions :

— Le fil utilisé en chaîne doit essentiellement être solide, aussi bien dans le sens de la tension, que dans celui de la torsion. Il vaut mieux pour cela utiliser un fil souple à forte torsion. Bien que la tendance actuelle soit d'utiliser des matières naturelles, rien ne nous empêche d'utiliser des fibres synthétiques qui présentent certains avantages : solidité, légéreté, coloris nombreux et éclatants.

— Les fils utilisés en trame ou duite ne demandent aucune particularité.

Quelqu'un me soutenait un jour que l'on ne pouvait pas faire de mélanges de matières. C'est ridicule. Tout est permis dans la mesure où le tissu obtenu a de la tenue et correspond à l'usage souhaité.

Parmi les matières naturelles, certaines sont filées et utilisées depuis des centaines d'années. Je citerai la soie, la laine, le coton, le lin, la ramie.

Un moyen simple de différencier les matières animales des matières végétales : *l'épreuve du feu.*

En effet, en brûlant, les matières animales sentent la corne brûlée, tandis que les matières végétales sentent le papier brûlé.

MATIÈRES PREMIÈRES VÉGÉTALES

1 - **LES GRAINES :**

LE COTON

Le coton provient du fruit du cotonnier, plante arborescente qui pousse uniquement dans les pays chauds et humides tels l'Egypte, l'Inde, le Pakistan, les Etats-Unis du Sud et l'Afrique.

Chaque capsule renferme une certaine quantité de graines, généralement de 3 à 7, entourées d'un duvet plus ou moins long. C'est ce duvet qui, une fois le fruit mûr et éclaté, donne le coton.

La capsule est alors cueillie, les fibres séchées et séparées des graines, puis pressées en balles.

Ces balles sont ensuite vendues aux différents pays filateurs suivant des normes standard : longueur de la fibre, couleur, éclat (brillant), pureté, maturité, solidité.

Les pays industriels transforment ces balles soit en coton hydrophile, ou de rembourrage, soit en coton filé mat ou mercerisé simplement retors ou fantaisie : flammés, ondés, chinés, etc.

LE KAPOK

Semblable dans sa structure au coton, le fruit du kapokier, contrairement à celui du cotonnier, ne s'ouvre pas à sa maturité ; cette opération se fait manuellement.

Provenant d'Indonésie, d'Inde principalement, il sert surtout de matériel de remplissage. On peut néanmoins le trouver filé mélangé au coton.

2 - **LES TIGES :**

LE LIN

Cultivé en Belgique, Pologne, U.R.S.S., Nord de la France, c'est une plante annuelle à fleurs bleues ou blanches.

Une fois filé, le lin a un aspect soyeux, brillant, très agréable. Mais son manque de souplesse et d'élasticité le rend délicat à tisser surtout en fils de chaîne. Si vous tissez du lin, veillez à ce qu'il soit toujours humide.

LE CHANVRE

La plante, appelée chanvre également, se cultive en Italie Yougoslavie, U.R.S.S., Algérie.

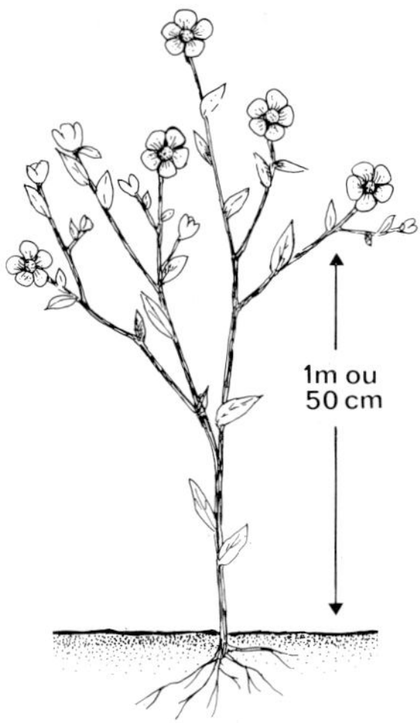

Il est plus résistant que le lin, mais encore moins souple et élastique que celui-ci. Il est souvent employé comme chaîne pour les tapis à cause de sa solidité, comme effet décoratif. Mouillé, il se met à çonfler et l'étoffe devient plus épaisse.

LE JUTE

Extrait de la plante du même nom, provient principalement d'Inde et du Pakistan.

Il est peu résistant parce que plus rigide, grossier et s'emploie rarement en tissage sauf pour des toiles et quelquefois pour des tapis.

LA RAMIE

Est extraite d'une espèce d'ortie blanche originaire de Chine. Elle est très résistante à la traction, mais peu à la torsion, aussi est-elle employée en trame à moins de subir une préparation spéciale.

Elle a un aspect brillant et soyeux qui rappelle celui de la soie. Elle est imputrescible. Elle est surtout employée dans sa couleur originale blanche ou beige clair, bien qu'elle se teigne facilement.

LE GENÊT

Le genêt est très résistant. Sa couleur, suivant l'espèce employée, varie du beige clair au brun. Mais il se teint très facilement.

3 - **LES FEUILLES :**

LE SISAL

Le sisal, de la famille des agaves, est une plante originaire d'Amérique. Il pousse essentiellement dans les pays équatoriaux. Il a un aspect brillant, se tient bien et a la particularité de ne pas prendre la poussière. On l'emploie surtout pour les tapis.

4 - **LES FRUITS :**

LA COCO

La coco est le fruit du cocotier. Seule l'enveloppe extérieure du fruit, constituée de f bres, est utilisée.

La fibre une fois filée a un aspect et un toucher rugueux. Elle ne prend pas non plus la poussière et s'utilise surtout pour faire des tapis genre pai lasson.

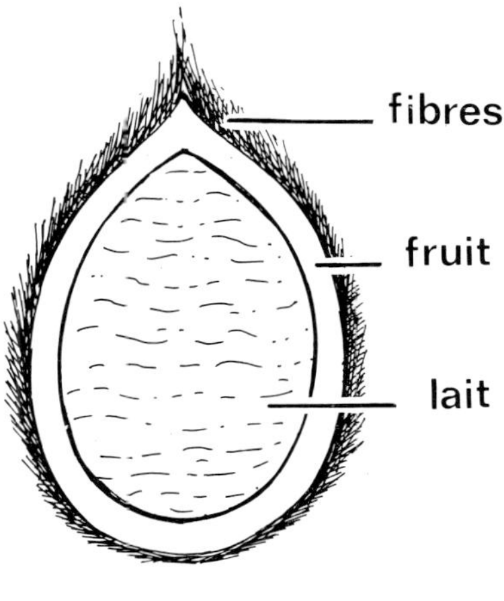

LES MATIÈRES PREMIÈRES ANIMALES

1 - LA LAINE

La laine est certainement dans le tissage à la main la matière la plus employée.

D'origine et de qualité différentes, elle a cependant toujours la même structure.

La coupe microscopique d'un brin de laine nous montre trois éléments distincts :

— les écailles,
— la tige médullaire,
— les matières mucilagineuses.

Les écailles entourant chaque brin de laine vont jouer dans le filage un rôle très important. Grâce à elles, chaque brin va pouvoir s'accrocher à l'autre.

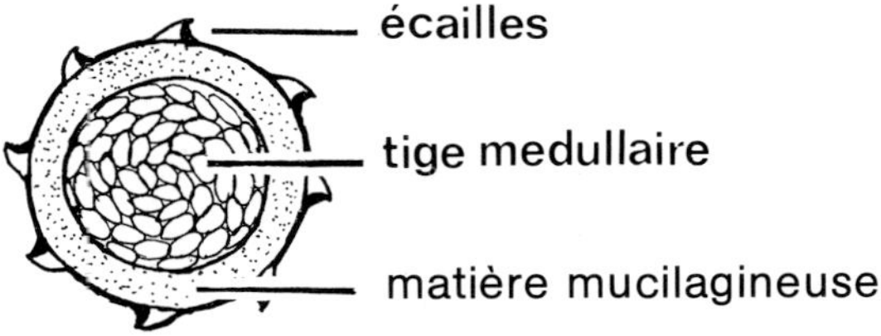

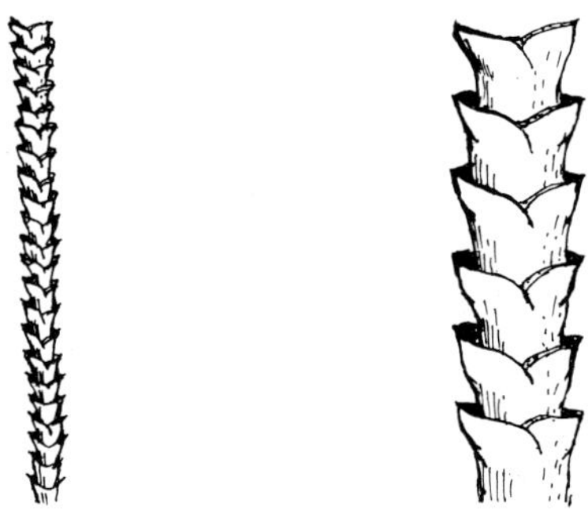

laine fine — laine grosse

Plus le brin est fin, plus il est garni d'écailles Il présente des ondulations plus ou moins prononcées.

Plus le brin est fin, plus il est ondulé et plus il est élastique.

Les races sont très nombreuses : par exemple, les cheviottes, les « grossbreed », etc., mais la race qui donne la plus belle laine est certainement celle des mérinos.

MÉTHODE D'EXPLOITATION :

La laine grasse, tondue sur le mouton vivant, est de loin la meilleure au point de vue qualité.

La laine de peau, laine arrachée avec sa racine sur la peau de l'animal tué ; *la morille,* laine tondue de la peau d'animaux morts de maladie ; *la pelure,* laine raclée avant le travail du cuir, sont des laines secondaires, de mauvaise qualité, mais très employées en *laine cardée.*

La laine renaissance est extraite de chutes d'étoffes et de laines déchirées et refilées.

Une fois la laine lavée et débarrassée de toutes ses impuretés (terre, paille) et désuintée, elle est soit cardée, soit peignée. Ce choix est fait d'après la longueur du poil.

La laine peignée a des brins longs et parallèles. Les brins sont tordus, finement filés. Ils présentent ainsi une surface lisse, d'aspect sec. La laine peignée ne feutre pas.

La laine cardée a, au contraire, des poils courts grossièrement filés, une torsion lâche et une surface volumineuse et douce.

Les propriétés de la laine sont nombreuses :

— Elastique : une tension inégale dans la chaîne se repérera beaucoup moins que dans une chaîne en coton par exemple. Par contre, une tension trop grande en trame provoque un rétrécissement beaucoup plus important.

— Infroissable.

— Indéformable.

— Rugueuse, mais chaude et solide.

— Enfin elle mord très bien à la teinture.

LAINES D'ANIMAUX NOBLES

MOHAIR

De la chèvre angora, cette laine est fine et soyeuse, mais elle a peu de souplesse. La laine mohair est très difficile à travailler en chaîne, à moins d'avoir reçu un apprêt sur le métier (tel que du savon).

CACHEMIRE

De la chèvre cachemire. C'est une laine qui ne se tond pas, mais que l'on peigne sur la chèvre. Elle est fine, soyeuse, élastique.

LA FAMILLE DES LAMAS

Alpaga : fibre longue, fine, douce, noire — blanche.
Lama : fibre longue, solide, chaude, noire — blanche.
Vigogne : fibre brune et blanchâtre, douce et fine.

CHAMEAU

Duvet souple et fin.

LAPIN ANGORA

Poil très léger, doux et soyeux.

Ces poils sont le plus souvent mélangés à de la laine et rarement travaillés en chaîne. Sauf pour le mohair et le cachemire, ils sont presque toujours employés dans leur couleur naturelle.

Les objets tissés sont fins, très agréables à porter.

FILS FANTAISIE

En dehors des filés simples à un ou plusieurs brins de torsions régulières, il existe des fils dits de fantaisie qui, par leur aspect, donneront à votre tissage avec la même chaîne, et la même armure, un tissage très différent du simple filé.

— Mélange de fils, ex. : laine et fibre synthétique.
— Fils chinés : soit deux fils de couleur différente, soit des bains de teinture différents sur la même fibre.
— Fils bouclés : un fil a une tension normale, l'autre une tension plus lâche.
— Fils flammés.
— Fils boutonnés.
— Fils métallisés.
— Fils métalliques s'enroulant autour d'un fil de coton par :
  - floche,
  - irrégulier.

2 - LA SOIE NATURELLE

Originaire de Chine, qui s'en réserva l'exclusivité jusqu'au VIe siècle après J.-C., la soie fut par la suite répandue, en passant par l'Inde, jusqu'au bassin méditerranéen Italie-France.

La soie est le fil sécrété par certaines chenilles, telles que le Bombyx Mori, le seul à donner de la soie pure, pour la confection de leur nid ou cocon.

Le fil de soie ou bave est en réalité deux fils continus accolés l'un à l'autre par une substance appelée grès.

Coupe d'un fil de soie.

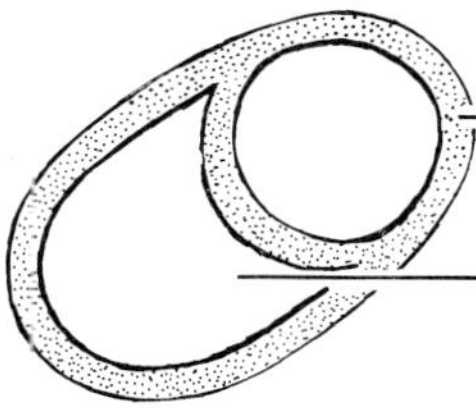

Il existe différentes sortes de soie qui toutes gardent les mêmes qualités. Seul l'aspect extérieur va être différent :

LA GRÈGE :

C'est le f l de soie pure obtenu par la filature de 3 à 20 cocons. Pour teindre ce fil, on est obligé de le débarrasser du grès et de lui donner différentes torsions.

LA SCHAPPE :

Vient de cocons abîmés, percés du Bombyx Mori et des chutes de la grège.

LA BOURRETTE :

Est la scie filée des chutes de la schappe.

LES SOIES SAUVAGES :

Sont sécrétées par des chenilles vivant en liberté. Le fil est beaucoup plus irrégulier que les fils de soie pure.

QUALITÉ DE LA SOIE

Elle est longue, solide, fine, légère et élastique. Elle se teint très bien et donne des coloris brillants et chatoyants. Elle est très agréable à porter et très résistante.

FIBRES D'ORIGINE MINÉRALE

LES FILS MÉTALLIQUES :

L'argent, le cuivre et l'or sont laminés et le plus souvent utilisés impurs, c'est-à-dire enroulés autour d'un fil de coton de soie ou de nylon.

LES FIBRES DE VERRE.

PETIT HISTORIQUE DU MÉTIER A TISSER ET DU TISSAGE

Il est maintenant établi que le tissage à la main est un des plus vieux métiers manuels existants.

Les premiers tissages furent probablement les tresses de baguettes utilisées comme protection du vent, clôtures, murs, nattes, ponts suspendus, etc.

Il y a plus de 6000 ans déjà, les hommes savaient tordre certaines fibres végétales en fils.

Les Egyptiens et les Péruviens travaillèrent tout d'abord le lin, puis le coton. On sait que les Egyptiens filaient le lin avec une très grande finesse (200 km de fils pour 1 kg).

Les habitants de l' nde travaillaient le coton et la laine et les Chinois, la soie.

Les métiers, tout d'abord très primitifs (la chaîne accrochée par un bout à un point fixe et la tension se faisant par l'autre bout accroché autour de la taille — ce système existe encore dans certains pays — ou les fils de chaîne tendus entre deux bois et la trame passée avec les doigts ou une aiguille), s'améliorent progressivement au cours des siècles. Les Romains remplacent l'aiguille par la navette au IIe ou au IIIe siècle après J.-C.

Une importante découverte a lieu 200 ans environ après J.-C. : les deux bouts de bois sont remplacés par les premières ensouples tournantes. Les tisserands ont alors la possibilité de tisser des pièces de grande longueur.

Plus tard la largeur devient aussi plus grande ; les tisserands se mettent à deux pour lancer la navette et battre le peigne.

Le mouvement des cadres par les pédales est découvert en 1300 et la navette volante en 1733 par un Anglais, John Key.

Avec le développement des métiers se fait aussi celui des accessoires.

Le XVIIIe siècle vit trois importantes découvertes : en 1769, la machine à filer par Richard Arkwright ; en 1785, le métier mécanique par Edmund Carthwright ; et en 1805, le métier jacquard par Joseph-Marie Jacquard.

LE MÉTIER A TISSER ET LE TISSAGE

Pour la mise en place d'un tissage, deux systèmes de fils qui vont se croiser et s'entrelacer sont nécessaires. Cet entrelacement se fait sur un métier à tisser.

Le métier peut être un simple cadre de bois.

Un métier avec deux, quatre lames ou plus, généralement à touches.

Un métier plus complexe avec lames et pédales.

Mais quel qu'il soit, le principe du tissage est toujours le même.

Le système de fils longitudinal, qui est la chaîne, doit se scinder en deux parties de façon à former une ouverture ou foule qui permet le passage du deuxième système de fils transversal.

La chaîne, ensemble bien déterminé de fils, est fixée et tendue sur un métier :

Voici tout d'abord les différentes pièces que vous rencontrerez sur un métier.

— *Bâti.* Ensemble des bois formant le cadre du métier.

— *Barre.* Les fils de chaîne sont fixés sur une barre elle-même fixée sur

— *L'ensouple arrière* qui peut être un simple tronc de bois ou un cylindre, comme sur la photo, d'un diamètre supérieur à 90 centimètres, sectionnée ou non tous les 5 ou 10 centimètres par des cavaliers. Ce n'est pas indispensable, mais pratique. Cette ensouple doit facilement tourner, elle est munie à son extrémité d'un taquet frein. Elle ne doit pas plier ou s'incurver sous l'influence de la tension, de la chaleur ou de l'humidité.

— *Barre arrière porte-fils* ou poitrinière arrière, fixée au-dessus de l'ensouple arrière. Les fils passent et reposent dessus, avant d'aller s'enfiler dans les lisses.

— *Barres d'enverjures :* 2 barres plates ou rondes parallèles sur lesquelles les fils passent l'un dessus, l'autre dessous. Il est, avec ce système, beaucoup plus facile de repérer les fils à l'enfilage et de réparer les fils cassés (fig. 1).

— *Lisses :* tiges de métal souple possédant en leur milieu un maillon dans lequel passe le fil de chaîne. Elles peuvent aussi être en coton et les maillons en plastique ou en verre (fig. 2).

Chacune de ces lisses est fixée en haut et en bas dans un cadre ou lame.

— *Harnais :* ensemble bricoteaux — cadres.

Ces lames peuvent être :

- soit indépendantes
- soit reliées deux à deux.

Indépendantes : — Elles sont manœuvrées par des touches placées sur le côté ou devant le métier (métier de table, métier à échantillons).

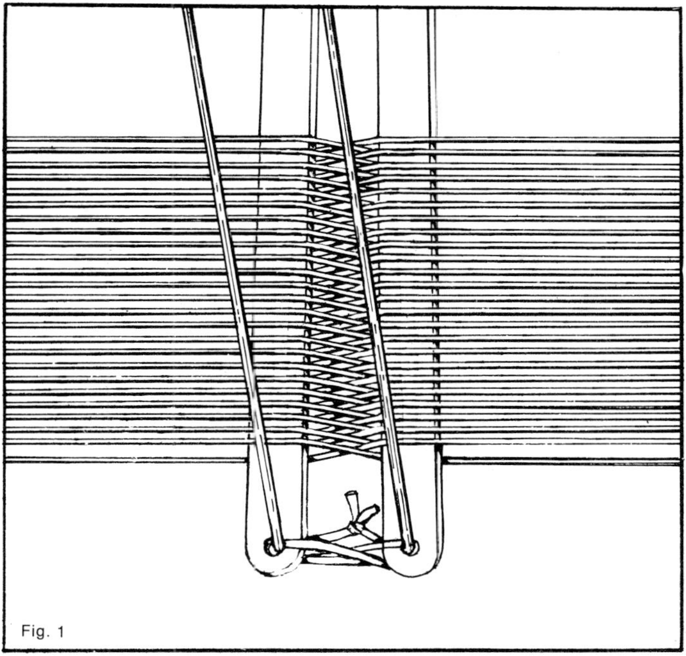

Fig. 1

Fig. 2

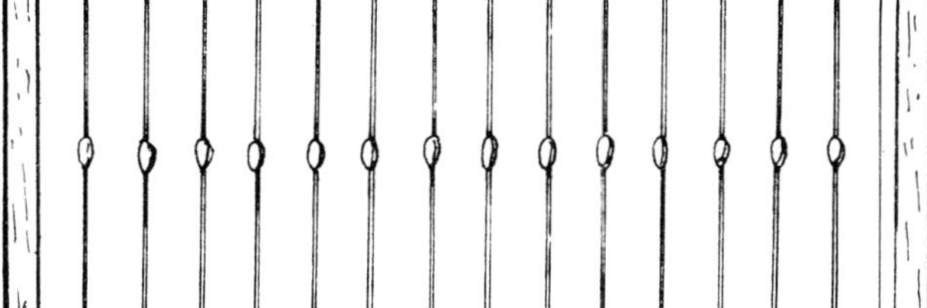

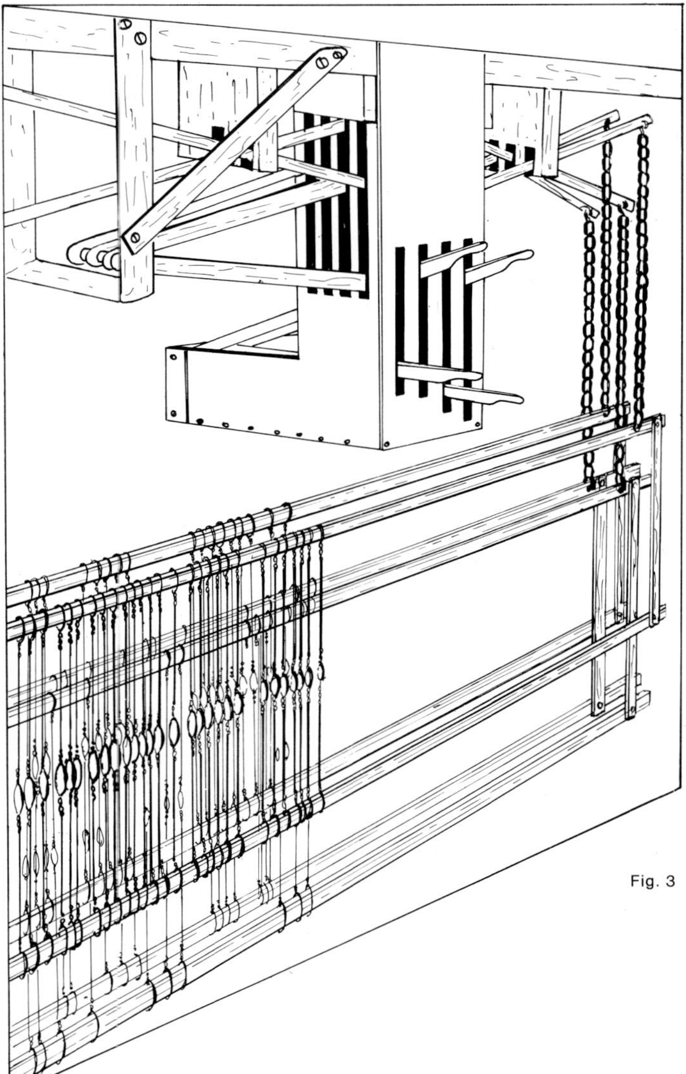

Fig. 3

— Chacune de ces lames fait partie de tout un système qui peut soit faire lever les cadres (système à la lève) soit faire baisser les cadres (système à la baisse).

SYSTÈME A LA LÈVE PAR UN JEU DE TOUCHES :

Chaque touche commande un cadre. Il suffit d'appuyer dessus pour le faire lever (fig. 3).

SYSTÈME A LA LÈVE PAR L'INTERMÉDIAIRE DE PÉDALES :

Le fait d'appuyer sur une pédale va faire baisser une marche, barre transversale au métier, reliée, elle-même à deux bricoteaux qui, en s'abaissant par le milieu, par l'intérieur, vont faire lever le cadre auquel ils sont rattachés sur les côtés extérieurs (fig. 4).

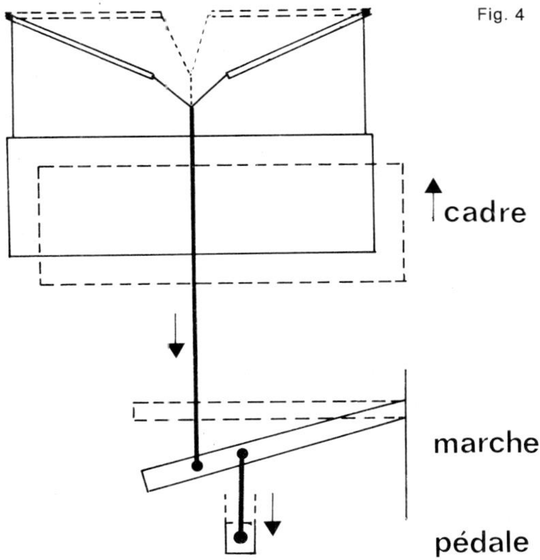

Fig. 4

CAS DU SYSTÈME A CONTREMARCHE :

Les lames se lèvent et se baissent suivant l'ordre déterminé par l'armure et le pédalage. Seul le bas du système change. Chaque lame est reliée par les bricoteaux à une marche comme dans le système à la lève, et en plus par le milieu de la même lame à une autre marche dite contremarche. Ce système est relié à deux pédales (fig. 5).

Fig. 5

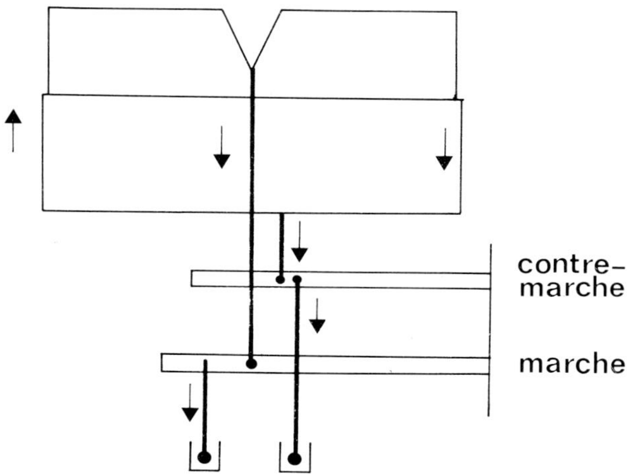

En résumé :
1 cadre = 1 marche et une contremarche ;
= 2 pédales : l'une lève le cadre, l'autre le baisse.

SYSTÈME CONTREBALANCÉ :

Cadres reliés deux à deux. Ce système permet une utilisation limitée dans la recherche des points. Qu'il soit avec ou sans pédales, on aura toujours le même mouvement de bascule. Un cadre se lève pendant que l'autre s'abaisse (fig. 6).

LE PEIGNE

Le peigne est certainement la pièce la plus fragile d'un métier. Toujours en métal, il est formé de dents à espace régulier, dont le nombre, calculé au centimètre, est en principe inscrit sur l'un des côtés (fig. 7).

Ex. : 60/10 = 60 dents pour 10 cm.

Il n'est pas nécessaire d'avoir un peigne par densité de fils à l'enfilage.

Ex. : Vous avez un peigne de 3 dents au centimètre.

Vous pouvez faire un enfilage de 3 fils au centimètre en enfilant 1 fil par dent et un enfilage de 6 fils au centimètre en enfilant 2 fils par dent.

Une altération sur une des dents risquerait d'abîmer le tissu. Mobile, il fait malgré tout partie intégrante du *battant de peigne*

Fig. 6

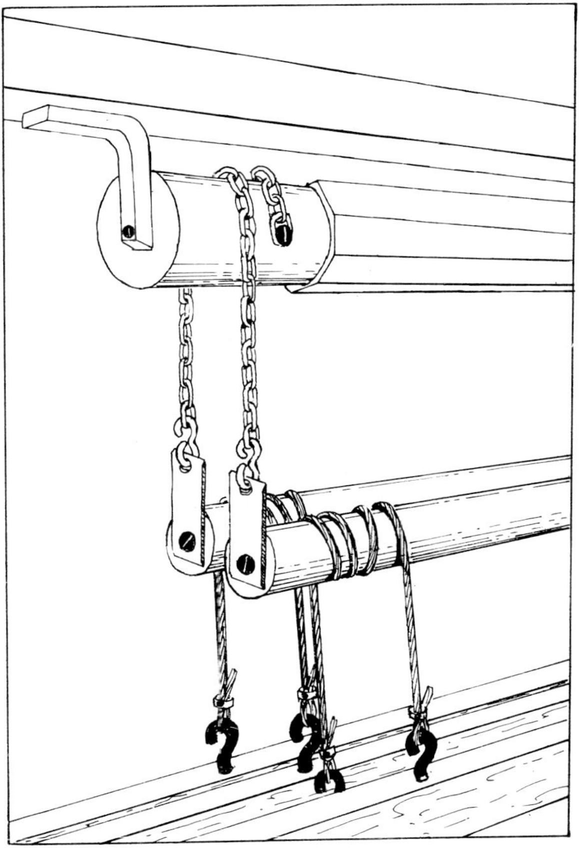

Fig. 7

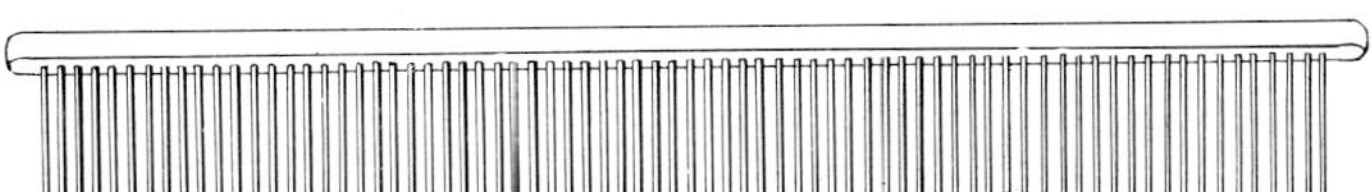

Matières premières animales.

lequel est suspendu au bâti du métier et forme balancier, ou fixé en bas du bâti. Hors du battant, le peigne doit toujours, soit être posé à plat, soit placé dans un râtelier spécialement réservé à son usage.

La poitrinière avant : plateau qui reçoit la chaîne tissée et la dirige ensuite sur l'ensouple avant, ronde, mobile, très solide, autour de laquelle elle s'enroule.

Cantre ou planche à clous sont en quelque sorte des porte-bobines. Le cantre repose par terre derrière ou devant le métier et la planche à clous est fixée, le temps de l'ourdissage, sur le métier (fig. 8).

Les fils ne doivent pas se mêler. Ils sont donc pris dans un ordre précis ; par ex. : de droite à gauche et de haut en bas. L'ourdissage se fait alors de droite à gauche sur l'ensemble arrière.

Fig. 8

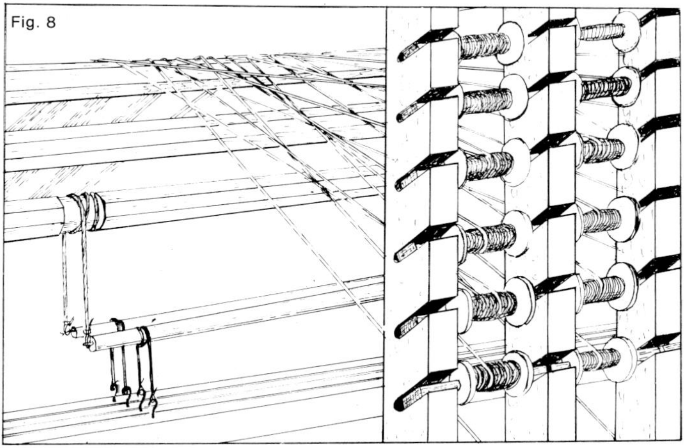

PEIGNE A ENCROIX

Petit peigne ayant la particularité d'avoir une dent normale, la suivante soudée en 2 parties. Ceci pour permettre la séparation des fils en fin d'ourdissage de la chaîne. Si je baisse le peigne, les fils entrés en 1 ne bougent pas, par contre les fils placés en 2 se lèvent (fig. 9).

Si je lève le peigne, les fils en 1 ne bougent toujours pas ; mais les fils en 2 se baissent. Chaque fois, je passe une corde (de nylon, par ex.). On obtient ainsi l'encroix. Ce peigne est fixé au harnais, au moyen de ficelle, à hauteur des cadres, les fils de chaîne venant de l'avant du métier.

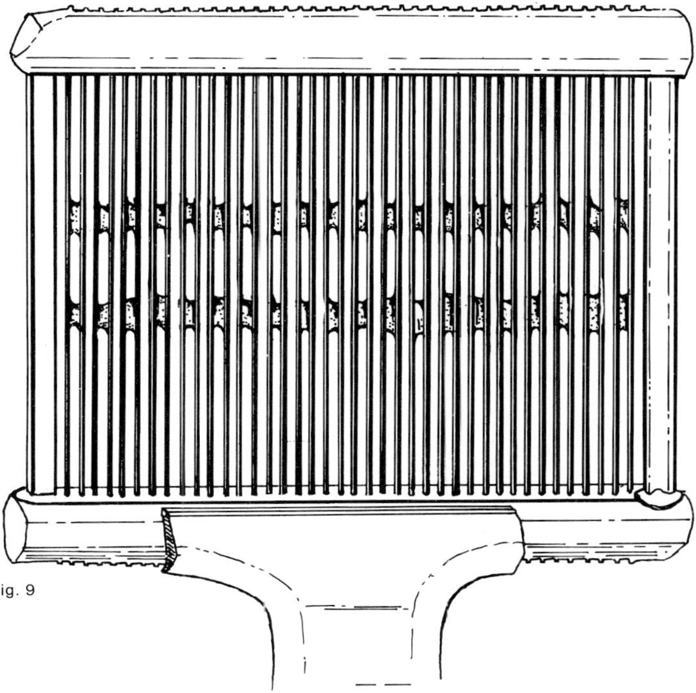

Fig. 9

TITRAGE D'UN FIL

Avant d'acheter de la matière, il est nécessaire de savoir à quoi correspondent les chiffres inscrits le plus souvent sur les écheveaux ou bobines.

Le numéro métrique, ou Nm, est le nombre de mètres au kilo par le nombre de bouts.

Ex. : Nm 2/28.

Le fil numéro 28 mesure 28 × 1 000 = 28 000 mètres pour un kilo. Seulement le fil ici est double. On a donc en réalité Nm 2/28 = 14 000 mètres par kilo × 2.

Nm 3/60 le fil numéro 60 ayant trois brins mesure :

$$\frac{60 \times 1\,000}{3} = 20\,000 \text{ m au kilo.}$$

Ceci est valable pour la laine, le coton, le lin, le chanvre, la ramie.

CALCUL POUR UNE CHAINE

La notion de numération métrique acquise, il est facile de faire ses achats en fonction de la chaîne que l'on veut tisser.

Il faut établir au départ la longueur d'un fil et le nombre de fils dans la largeur. J'ai déjà dit que le tissage est le résultat de deux systèmes de fils qui se croisent et s'entrelacent à angle droit.

Ces croisements successifs vont automatiquement entraîner un rétrécissement dans la longueur initiale du fil ; aussi bien en chaîne qu'en trame.

Il faut donc lorsque l'on calcule la longueur d'une chaîne, tenir compte de trois éléments :

— La longueur du tissu tombé.

— Le retrécissement qui s'appelle embuvage. Il faut compter entre 8 et 15 % d'embuvage suivant la grosseur du fil et l'armure.

— Les chutes — nœuds de départ.

Ex. : le tissu tombé = 12 m
+ 12 % d'embuvage = 1,40 m
+ 1 m de perte = 1 m

Chaque fil mesure donc 14,40 m.

Pour calculer le nombre de fils voulus, prendre une règle plate et enrouler le fil de chaîne sur un centimètre sans trop serrer.

Ex. : 6 fils sur 1 cm — On désire une largeur de 90 cm
6 fils × 90 = 540 fils
+ 10 % de fils pour embuvage
soit 584 fils ou 99 cm

La longueur totale de fils de chaîne est donc de 584 fils × 14,40 m = 8 409,60 m, soit plus simplement 8 410 m.

Si le titrage du fil est Nm 3/60 soit 20 000 m/kg on a donc besoin de 425 g de matière en chaîne. Il vaut toujours mieux compter plus large que pas assez. Cela évite les mauvaises surprises.

L'OURDISSAGE

OURDISSAGE SECTIONNEL

Les calculs terminés, à moins que le montage de la chaîne se fasse avec un seul fil tournant autour d'un cadre, l'ourdissage nécessite toute une série d'opérations qui demandent beaucoup d'attention et de la patience.

Je vous conseille vivement de faire l'ourdissage sectionnel, que vous ayez ou non une ensouple déjà sectionnelle, dans la mesure où elle a un diamètre de 90 cm minimum. Ceci pour deux raisons :

La chaîne aura toujours la même tension, et vous travaillerez seul.

Fig. 10

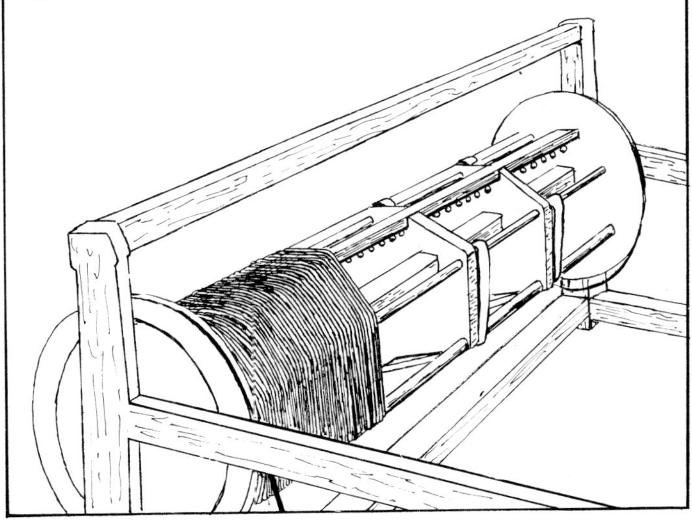

Si l'ensouple est en sections de 5 cm ou si vous décidez de faire ces 5 cm, avec une densité de 6 fils au cm, on a besoin de : $6 \times 5 = 30$ bobines.

Sur 1 m on fera 20 sections de 30 bobines.

Le but de l'ourdissage est de conduire les fils de chaîne mis en bobines placées sur un cantre ou planche à clous, en passant par le peigne à encroix, sur l'ensouple.

Il est important lorsque l'on commence l'ourdissage de bien centrer la chaîne sur l'ensouple par rapport à son milieu.

Si l'ensouple a 1 m de diamètre, la chaîne 12 m, il faut tourner l'ensouple régulièrement, en comptant à haute voix 12 fois. Arrêtez-vous à la du 12e tour tirez à vous le peigne à encroix, passez un fil (de nylon par ex.) entre les deux nappes de fils, poussez le peigne et passez un deuxième fil dans cette deuxième nappe. Coupez alors vos fils entre le peigne et les fils d'encroix en faisant attention au retrait des fils dans le peigne, nouez immédiatement les deux mèches obtenues, fixez la mèche de l'ensouple par un morceau de scotch et recommencez pour la section suivante.

Fig. 11

BLOQUEZ LES BRICOTEAUX.

ENFILAGE AUX LISSES

C'est là que vous allez vous rendre compte d'un des deux avantages de votre encroix. Vous passez deux barres rigides à la place des cordes de nylon, et les fixez au métier de façon qu'elles restent sur le même plan que les maillons des lisses. Vous n'avez alors aucun problème pour prendre les fils et les enfiler au moyen d'un crochet placé dans la main droite (si vous êtes droitier) dans l'ordre de l'armure que vous avez déterminé. Revérifiez sans cesse votre enfilage ; une faute d'attention est vite arrivée.

ENFILAGE AU PEIGNE

Là encore, il faut équilibrer la chaîne de part et d'autre du milieu du peigne.

Il existe deux méthodes d'enfilage.

— Vous avez la possibilité de poser votre peigne à plat sur le métier. Avec un crochet vous poussez chacun des fils dans une dent (fig. 11).

— Le peigne reste à sa place. Vous coincez une mèche avec votre genou, de la main gauche vous attrapez le premier fil et le tirez avec le crochet placé dans la main droite en passant à travers les dents du peigne. Pour ce faire, vous opérez toujours de gauche à droite à condition bien sûr que vous soyez droitier (fig. 12).

Là encore, vous faites des nœuds tous les trente fils ; cela vous évitera d'en perdre et vous vérifierez de temps en temps que vous n'avez pas laissé une dent vide.

Une fois les fils enfilés, il faut fixer la chaîne à la barre de l'ensouple avant, en tendant chaque fil de façon égale et en veillant bien que la largeur nouée fasse la largeur exacte de la chaîne au peigne. Un peu plus même ne nuit pas — mais surtout pas moins. Vous risqueriez d'avoir des ennuis aux lisières : fils cassés, rétrécissement considérable de la chaîne.

Fig. 12

OURDISSAGE TRADITIONNEL

Le but de cet ourdissage est de monter la chaîne dans toute sa largeur et toute sa longueur, sur l'ensouple arrière du métier. Les calculs de montage sont les mêmes que pour un ourdissage sectionnel. Il faut savoir dès le départ le nombre de fils de chaîne pour la largeur et la longueur de ces fils. Il vaut mieux commencer avec une seule bobine. Avec un peu plus d'expérience, vous pourrez en utiliser plusieurs.

OURDISSOIR CADRE

L'ourdissoir cadre est un simple cadre que l'on peut facilement poser contre un mur. Il est planté de plusieurs pitons qui servent à délimiter la longueur de la chaîne.

OURDISSOIR VERTICAL

L'ourdissoir vertical est un instrument souvent imposant mais qui par bonheur se démonte. On n'a pas toujours suffisamment de place pour le garder monté en permanence. L'ourdissoir vertical

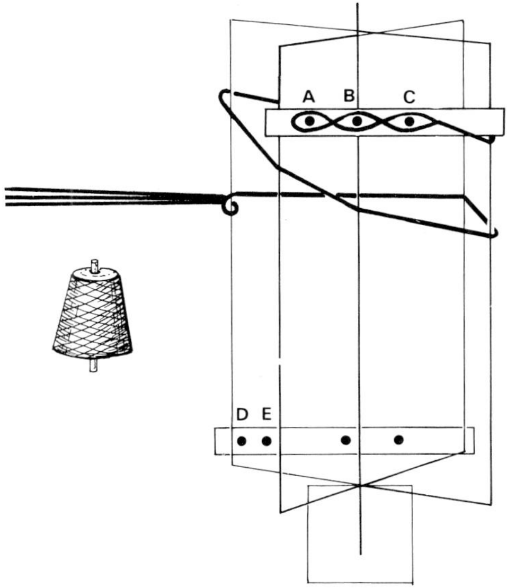

Fig. 13

est un cylindre fait de deux cadres espacés généralement de 50 cm, centrés et rentrés en leur milieu sur un axe de la hauteur des cadres. Ils tournent librement autour de cet axe qui est fixé à un trépied permettant la stabilité de l'ensemble. Deux traverses portant l'une deux bouts de bois parallèles et perpendiculaires par rapport à la planche, l'autre trois bouts de bois, vont permettre de délimiter la longueur de chaîne voulue et de faire l'encroix. Les traverses, mobiles, sont coincées entre les montants des cadres (fig. 13).

Ourdissage à 1 fil : vous posez la bobine par terre si elle a la forme d'un cône. Vous attachez le fil en A, vous passez sur B et sous C et le descendez en faisant tourner l'ourdissoir le nombre de fois nécessaire à votre longueur. Par exemple vous voulez ourdir 12 m, l'intervalle entre chaque cadre fait 50 cm. La circonférence fait 2 m et il faut donc faire 6 tours complets. Passez votre fil au-dessus de D, sous E, sur E, sous D et remontez jusqu'à la première traverse où vous passez le fil sur C, sous B, sous A et vous recommencez dans l'autre sens jusqu'à ce que vous ayez le nombre de fils voulus.

Traverse de départ.

Lorsque vous avez 10 fils, avec une ficelle de couleur différente fixée à la traverse, signalez-le. Si vous employez plusieurs bobines, mettez-les sur un cântre, et vous procédez à l'ourdissage. Pour faire l'encroix, il faut le faire dans votre main et glisser ensuite les fils entre les barres à encroix (fig. 14).

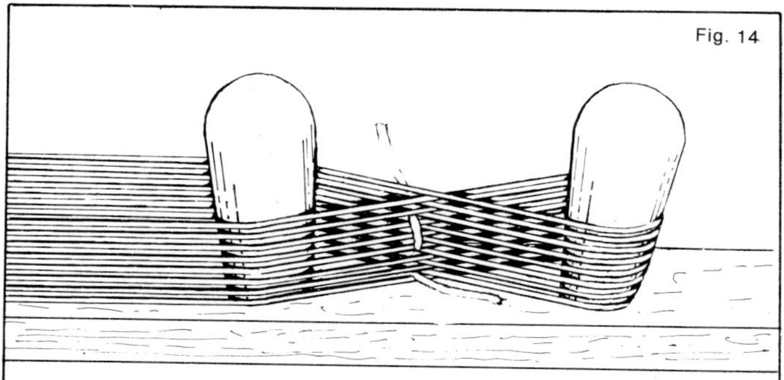

Fig. 14

L'index passe sur le premier fil du bas ; le pouce passe sous ce fil et sur le deuxième fil du bas, vous remontez ainsi jusqu'en haut.

Avant d'enlever la chaîne de l'ourdissoir, nouez-la à espaces réguliers, faites l'encroix aux deux bouts avec une corde (de nylon par exemple), dont vous nouez les deux bouts et vous décrochez la chaîne pour faire une chaînette si les fils sont gros et une pelote si les fils sont fins et très longs.

CHAINETTE ET PELOTE

Si vous pliez la chaîne (plier = fixer la chaîne sur l'ensouple) directement sur l'ensouple arrière, vous devez décrocher la chaîne de l'ourdissoir en E.

LA CHAINETTE

Le point A ou E forme une boucle. Vous tenez la boucle de la main gauche, vous passez votre main droite dedans, vous attrapez la chaîne que vous tirez dans la première boucle. Vous avez ainsi une deuxième boucle. Vous procédez de la même façon jusqu'à la fin.

LA PELOTE

Vous attrapez la boucle, A ou E suivant le cas, par le pouce et vous refermez la main dessus. Avec la main gauche, vous allez créer une pelote tout autour du poing en faisant attention à ne pas descendre trop loin vers le poignet et à faire des croisements à chaque passage de la chaîne sur le poing. Une fois la chaîne enroulée, passez la boucle finale sous un des croisements et tirez votre main de la pelote et de la boucle. Pour ces deux opérations, vous devez absolument procéder lentement. Pour cela, freinez l'ourdissoir avec votre pied.

PLIAGE DE LA CHAINE PAR L'ENSOUPLE ARRIÈRE

Cette méthode est à mon avis peu rationnelle, car elle nécessite l'aide de deux personnes ou plus suivant la largeur de la chaîne.

Vous rentrez la barre fixée sur l'ensouple arrière, dans la boucle E.

Vous introduisez les deux barres à encroix à la place des cordes de nylon. Vous les fixez l'une à l'autre ainsi qu'au métier.

Sur la poitrinière arrière, vous posez un râteau, sorte de peigne à dents d'un cm ou plus se fermant d'un côté par une barre mobile.

Si le rateau a une dent au cm, et que votre enfilage au peigne est de 6 fils, vous enfilez 6 fils par dent en faisant bien attention d'équilibrer la chaîne par rapport au milieu de l'ensouple et du râteau. Lorsque tous les fils sont enfilés, vous refermez le râteau ; une personne va alors tourner l'ensouple tandis que l'autre tend la chaîne et démêle les fils s'il y a lieu (fig. 15).

La tension doit toujours être égale, d'une part grâce à la traction exercée par la personne qui tire, d'autre part en intercalant entre chaque tour de chaîne une feuille de journal ; les fils évitent ainsi de glisser.

Fig. 15

Le pliage terminé, il ne vous reste plus qu'à bloquer l'ensouple, refaire l'encroix (ce n'est pas la peine si vous n'avez ourdi qu'avec un seul fil) et faire votre enfilage aux lisses et au peigne.

PLIAGE DE LA CHAINE PAR L'ENSOUPLE AVANT

Vous rentrez la barre de l'ensouple avant, dans les fils de la boucle E.

Vous enroulez toute la chaîne sur l'ensouple de façon grossière. Vous avez alors l'encroix dans lequel vous passez les barres d'enverjures que vous fixez au métier, puis vous procédez à l'enfilage définitif au peigne, puis à l'enfilage aux lisses. Le passage aux lisses terminé, fixez les fils sur la barre de l'ensouple arrière puis pliez la chaîne. Cette méthode a deux avantages sur la précédente :

- Elle évite que les fils ne s'emmêlent ;
- Elle permet d'agir seul.

LES ARMURES

C'est la façon dont les fils de chaîne et les fils de trame vont se croiser et s'entrelacer. Elles est formée d'un dessin multiplié par X fois.

Ce dessin = 1 rapport.

Vous avez 400 fils de chaîne, votre rapport a 4 fils vous aurez donc ce rapport × 100 = l'armure. Chaque case représente un fil de chaîne ; les cases pleines sont les fils de chaîne qui passent sur les fils de trame. Ce sont les levés ou pris (fig. 16).

Les cases vides représentent les fils de chaîne, qui passent sous les fils de trame.

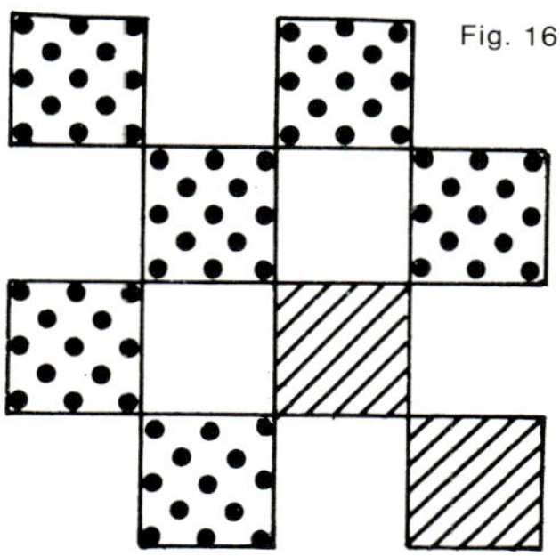

Fig. 16

Chaque case sur une même rangée représente les fils enfilés dans les lisses d'une même cadre. Chaque fois que nous voudrons faire levez 1 fil nous serons obligés de faire lever tous les fils du même cadre. Nous avons donc 2 masses de fils bien distinctes — 1 nappe que l'on vient de lever et une autre qui reste au niveau initial.

Il s'agit ici uniquement de *métier à la lève.* Par exemple : métier de table à touche. Chaque cadre a une touche qui, lorsque l'on appuie dessus, le fait lever tandis que les autres restent immobiles (fig. 17).

Mais il existe deux autres systèmes comme nous l'avons vu plus haut, qui ne changent en rien l'armure d'un tissu.

MÉTIER A LA BAISSE OU EN RABAT

Les fils sont tendus au même niveau que le haut du peigne. Un système appelle les cadres vers le bas (fig. 18).

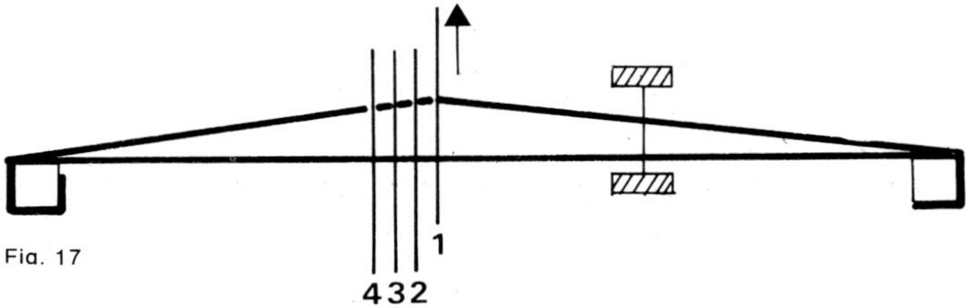

Fig. 17

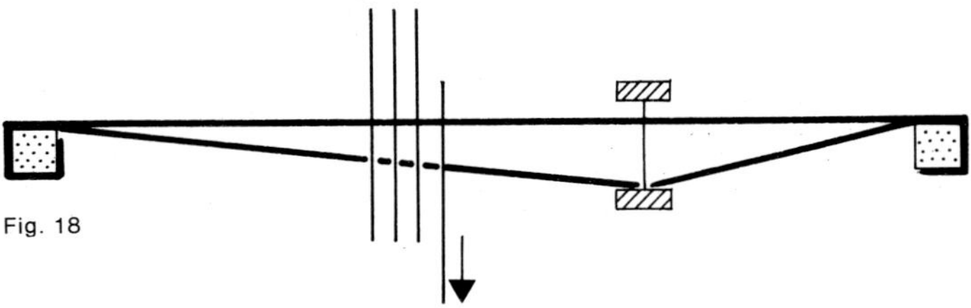

Fig. 18

MÉTIER LÈVE ET BAISSE

Les fils tendus au niveau du millieu du peigne vont par un système de lève et baisse (contremarche) se baisser et se lever dans une course égale. Ce système est particulièrement intéressant pour les fils difficiles à travailler tels que mohair et lin, car les fils se séparent plus facilement (fig. 19).

Il existe trois armures fondamentales :

ARMURE TOILE

La toile est le plus étroit croisement et entrelacement des fils et le plus petit rapport répété. Les levés ou baissés de chaîne se touchent aux quatre coins comme une table d'échecs. Dans ce cas, le fil de trame passe une fois dessous, une fois sur le fil de chaîne — le rang suivant, une fois dessus, une fois dessous. On a alors un rapport qui, en se répétant, forme l'armure. Ce rapport,

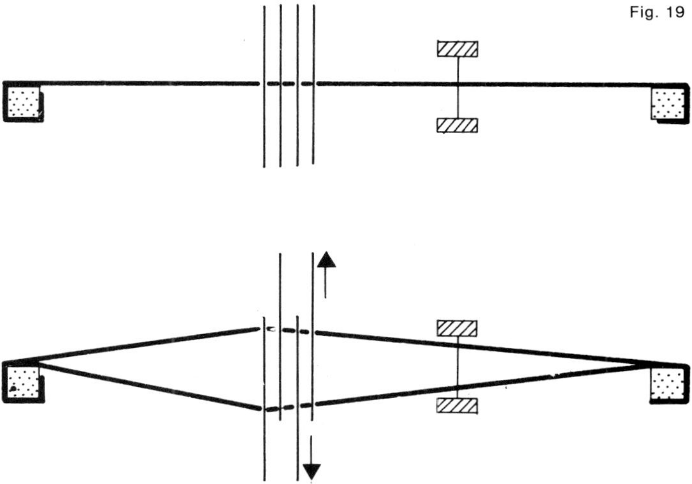

Fig. 19

n'étant que de deux fils, n'a besoin que de deux lames à l'enfilage. Mais d'une façon générale, on en emploie quatre ce qui fait que la masse des fils de chaîne est répartie de façon moins dense sur les lames (fig. 20 et 21).

Fig. 20

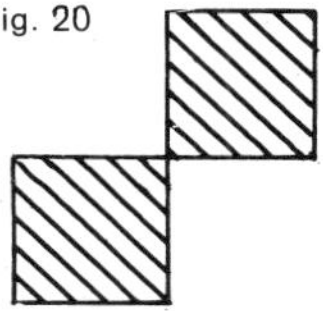

Fig. 21

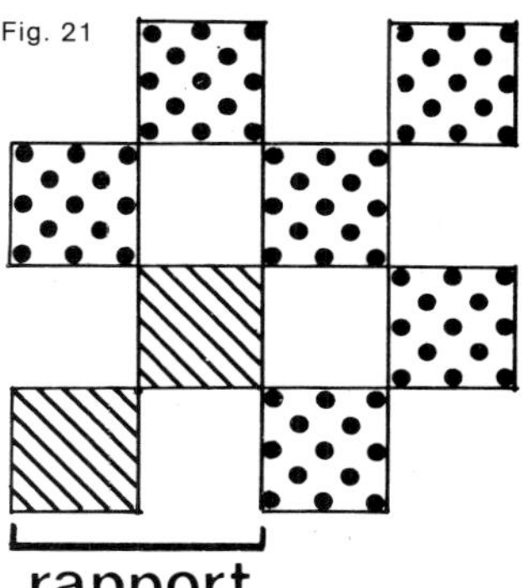

SCHÉMA DE L'ENFILAGE

A deux cadres (fig. 22).

A quatre cadres (fig. 23).

Les cadres 1 et 3 sont levés ensemble et les cadres 2 et 4 sont également levés ensemble.

Quelques variantes du point de toile :

Cannelé $\frac{2}{2}$

Le fil de trame est passé 2 fois dans la même foule (fig. 24).

Les cadres 1 et 3 sont levés 2 fois.

Les cadres 2 et 4 sont levés 2 fois.

Cannelé $\frac{2}{1}$

Les cadres 1 et 3 sont levés 2 fois.

Les cadres 2 et 4 une fois (fig. 25).

Fig. 22

Fig. 23

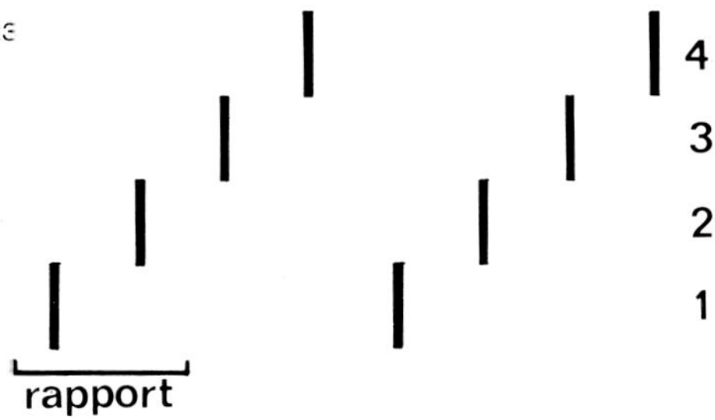

Fig. 24

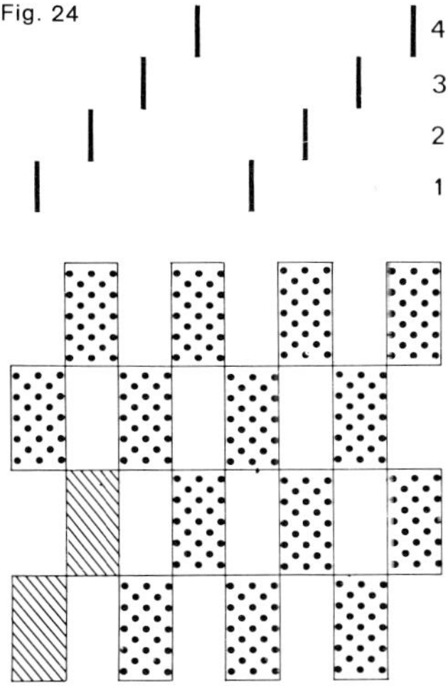

Fig. 25

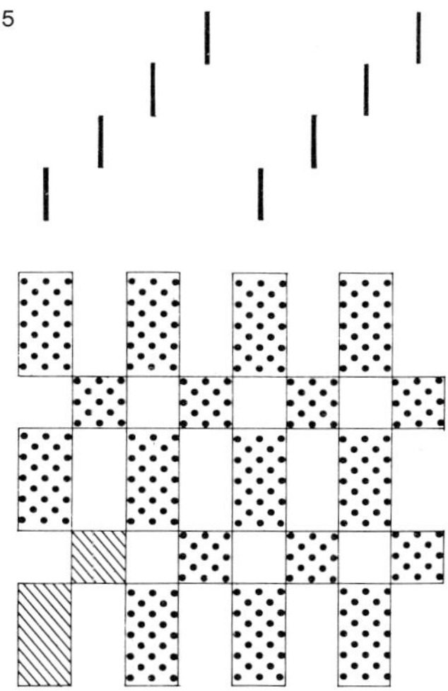

$$\text{Reps } \frac{1}{1} \text{ 2 fils}$$

Les cadres 1 et 2 sont levés 1 fois.
Les cadres 2 et 4 une fois (fig. 26).

Fig. 26

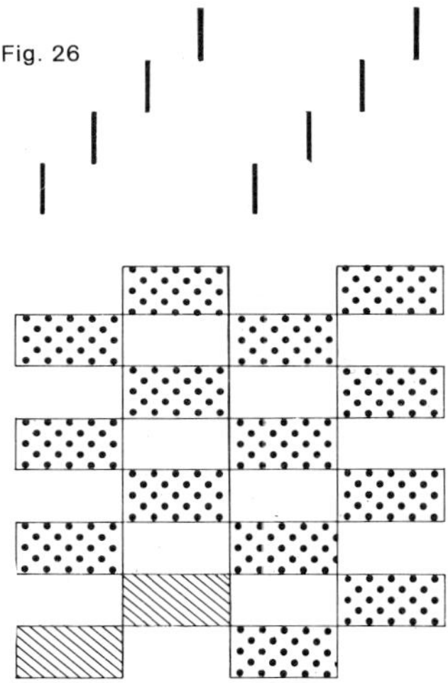

ARMURES PANAMA

A

Il s'agit ici d'un Panama uni d'égale grandeur.

$$\frac{2}{2} \text{ 2 fils (fig. 27).}$$

2 cadres sont levés : cadres 1 et 2

2 cadres sont levés : cadres 1 et 2 (chacun 2 fois).
2 cadres sont baissés : cadres 3 et 4.

B

Panama mélangé ou grain de poudre

$$\frac{2}{1} \text{ 2 fils et 1 fil}$$

Dans le cas présent, on voit que les cadres 1 et 2 vont se lever 2 fois de suite et que le cadre 3 se lève 1 fois. Cette armure ne nécessite pas comme vous le voyez un enfilage sur 4 cadres (fig. 28).

Fig. 27

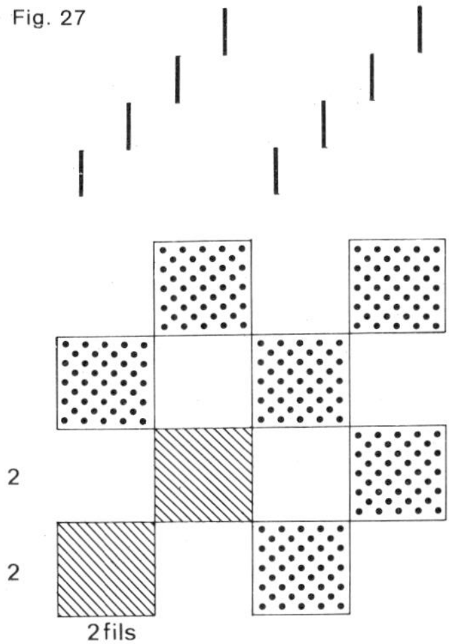

Fig. 28

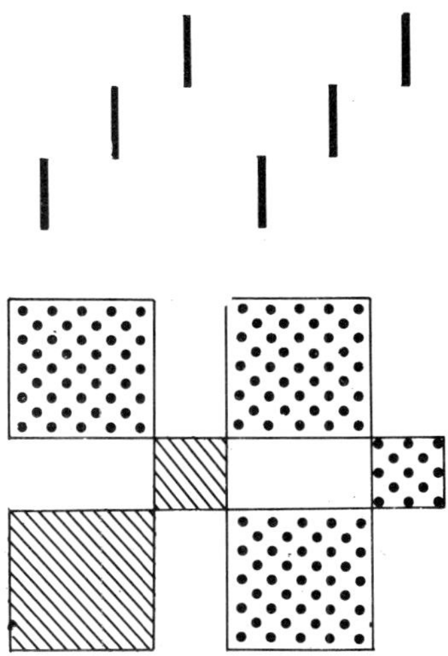

Fig. 29

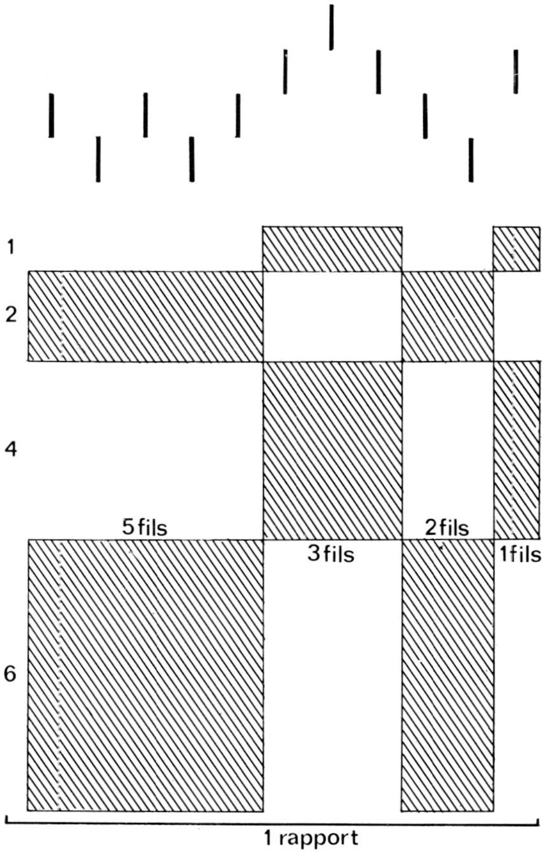

C

Il existe une très grande quantité d'armures dérivées du point. point. C'est à vous d'imaginer vos dessins, d'essayer sur votre métier.

Voici une autre armure qui, bien que toujours dérivée du point de toile, demande un autre enfilage que 1.2.3.4.

$$\frac{6 \qquad 2}{4 \qquad 1} \; 5,\ 3,\ 2 \text{ et } 1 \text{ fil}$$

Enfilage de cette armure sur 2 lames (fig. 29).

$$D \; \frac{3 \quad 2 \quad 2}{4 \quad 2 \quad 1} \; 4,\ 3,\ 1,\ 3,\ 2 \text{ et } 3 \text{ fils (fig. 30).}$$

Fig. 30

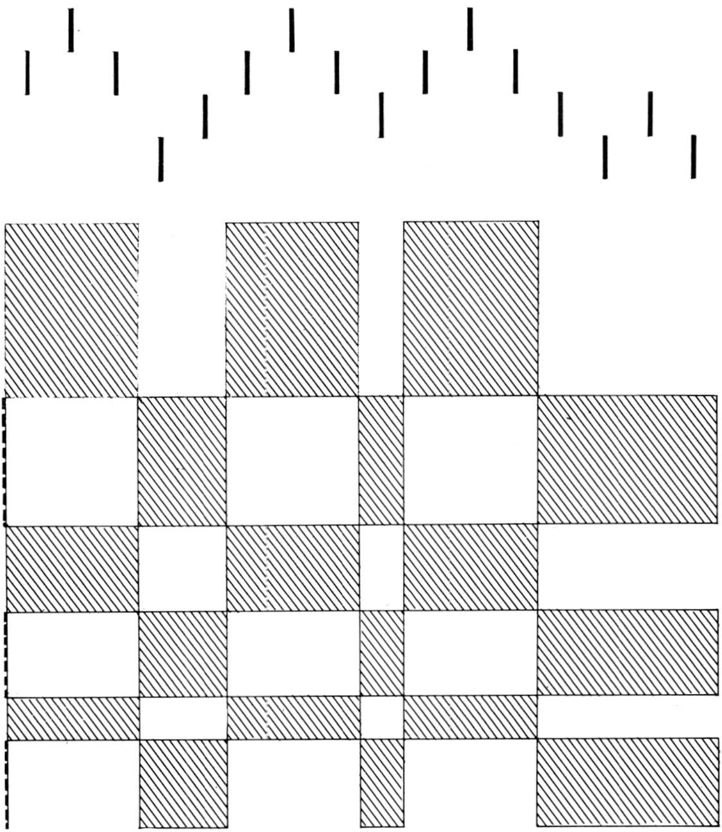

N'oubliez pas que l'armure point de toile sur l'enfilage 1 - 2 en 1 - 2 - 3 - 4 est :

Sergé — deuxième armure fondamentale (fig. 31).

Peut avoir deux directions Z ou S. Les fils de chaîne se touchent toujours par deux coins. Ce qui fait que la caractéristique fondamentale de cette armure est la diagonale en Z dirigée vers la droite en S dirigée vers la gauche.

$$\text{Sergé de 3 ou } \frac{1}{2}.$$

Sur 3 lames (fig. 32).

Les sergés peuvent avoir un côté chaîne et un côté trame.

Le côté chaîne se caractérise par un seul laissé de chaîne par rapport.

Sergé de 4 ou $\frac{1}{3}$ nécessite 4 cadres. Le côté trame se caractérise par un seul pris en chaîne par rapport (fig. 33).

Fig. 31

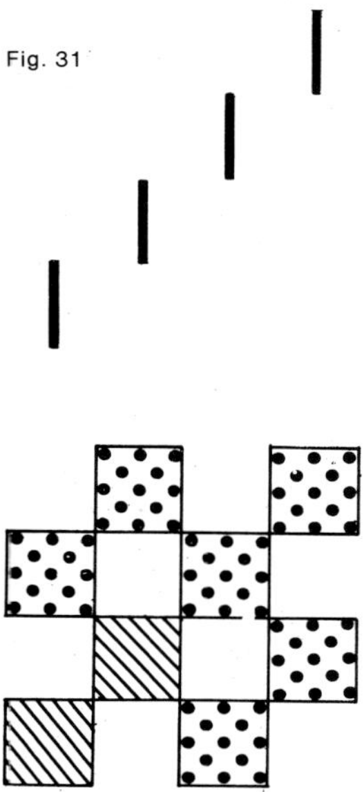

Fig. 32

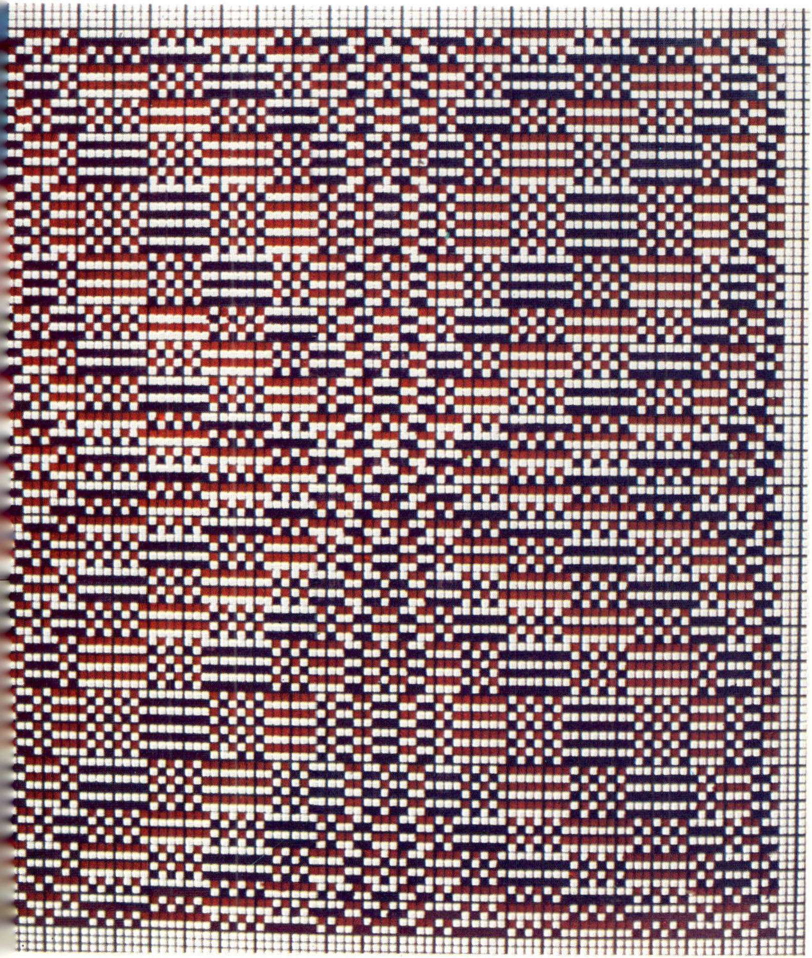

Dessin d'un tissu sur papier millimétré.

C'est toujours un sergé de 4 mais

chiffré $\frac{3}{1}$ (fig. 34).

Fig. 33

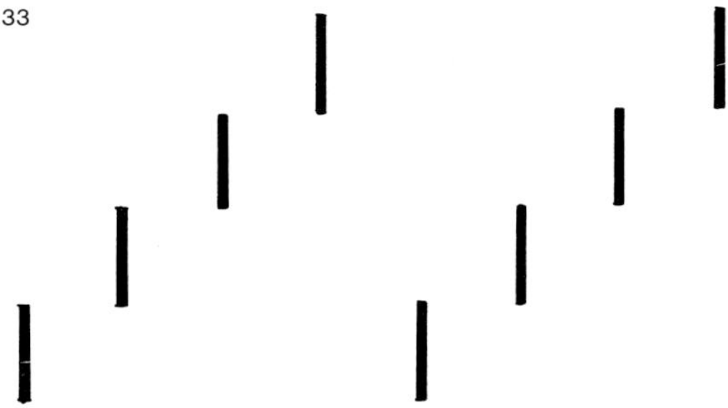

côté trame

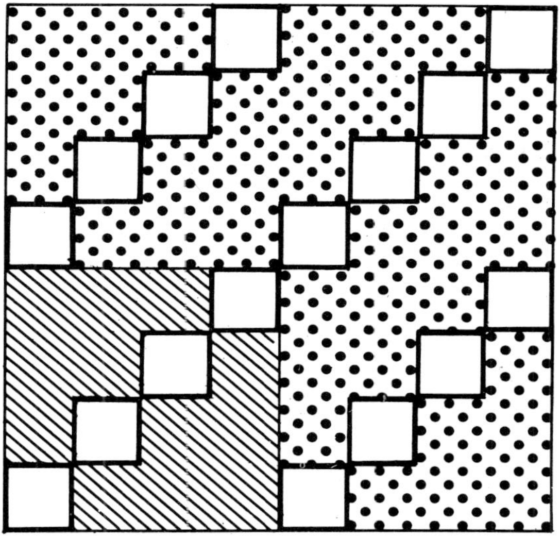

Fig. 34

côté chaîne

Là encore, à partir de cette armure de base, de multiples possibilités s'offrent à vous en laissant de côté les sergés réguliers ou irréguliers nécessitant plus de 4 lames (fig. 35).

$$\frac{2}{2}$$ sergé doublé

Les cadres 1 et 4 se lèvent ensemble, les cadres 1 et 2, puis les cadres 2 et 3 et enfin les cadres 3 et 4.

Chevrons = sergé brisé (fig. 36 et 37).

Chevrons dans le sens de la chaîne.

Chevron dans le sens de la trame (fig. 38).

LOSANGES

Le losange est simplement un chevron renversé (fig. 39).

Fig. 35

Fig. 36

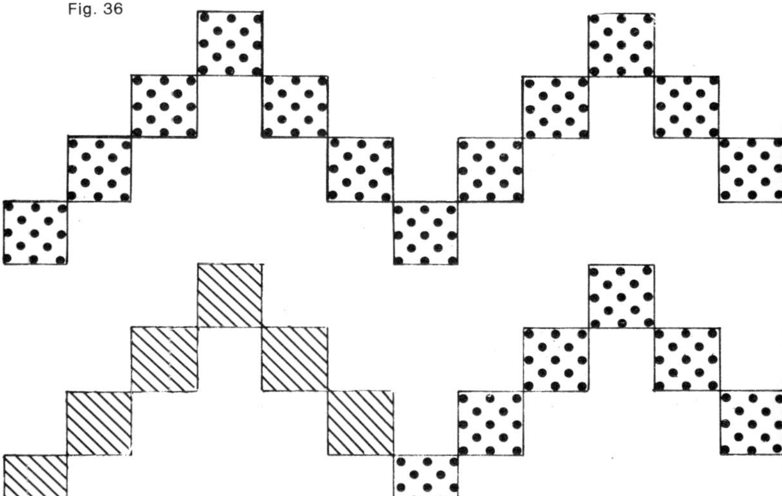

Echantillons.

Fig. 37

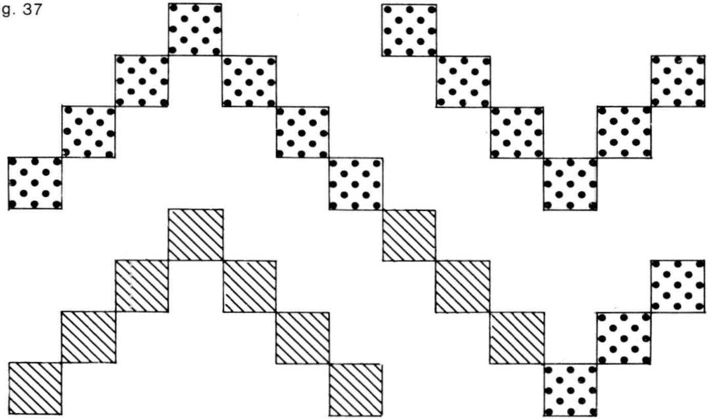

Fig. 38

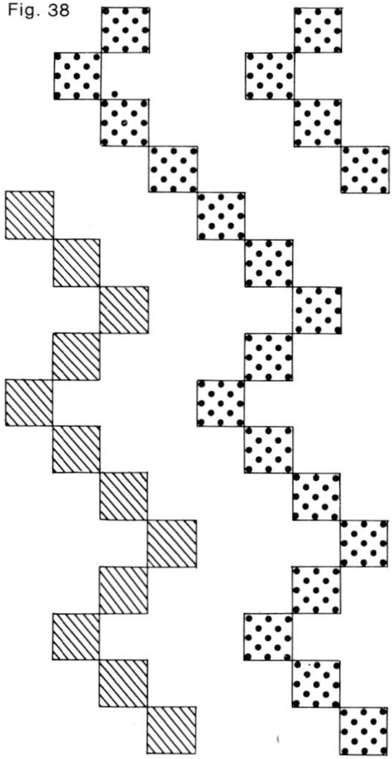

Fig. 39

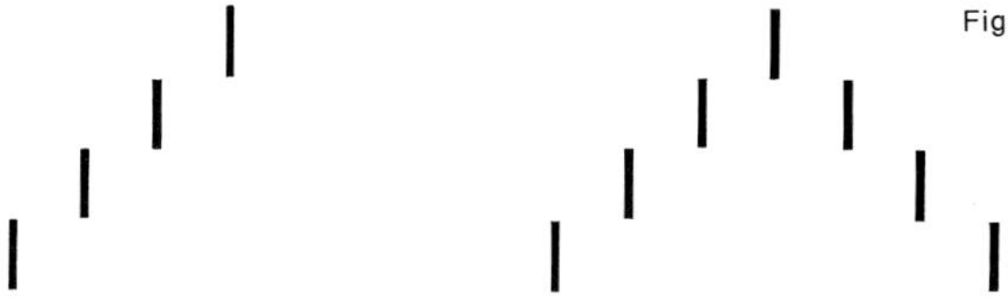

Fig. 40

SERGÉ CROISÉ

Pour toutes les armures sergé que nous avons vues jusqu'à présent l'enfilage se fait sur le même principe ou avec retour (fig. 40).

Serge croisé $\frac{1}{3}$ (fig. 42).

LE SATIN

En principe, il n'existe pas de satin de 4 c'est-à-dire n'utilisant que 4 lames. Pour avoir un satin pur, il faut un minimum de

Fig. 41

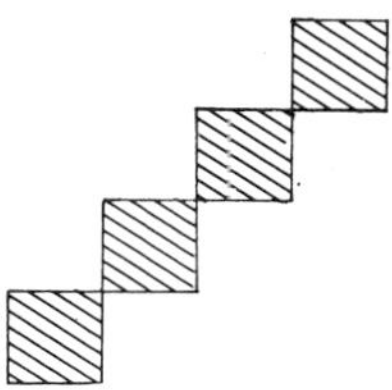

Fig. 42

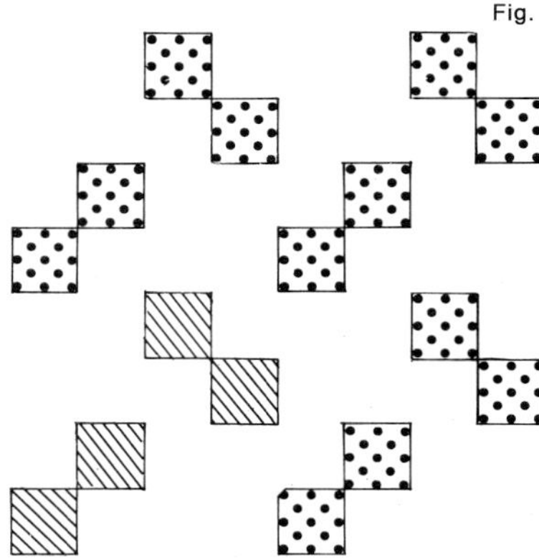

Fig. 43

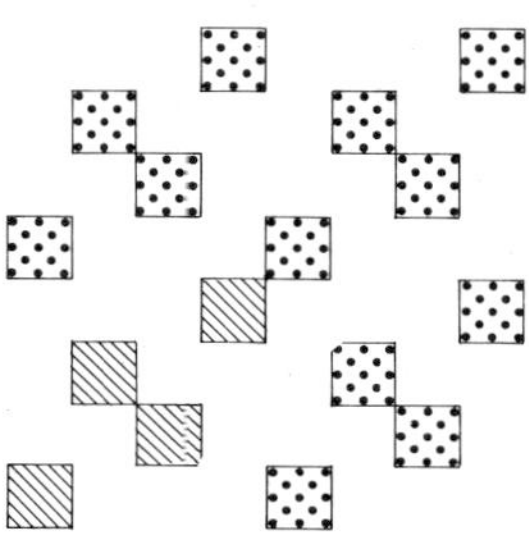

Fig. 44

Echantillon, tissage tordu.

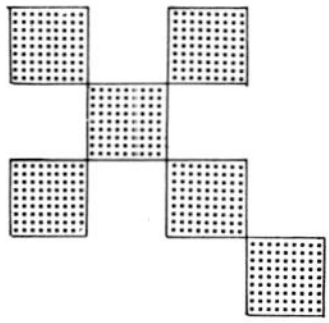

Fig. 45

Sergé brisé de 4
+ panama de 4

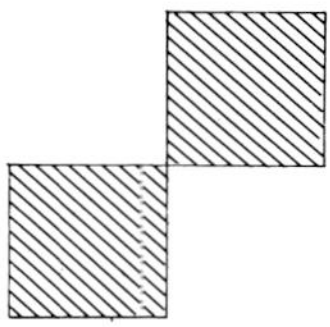

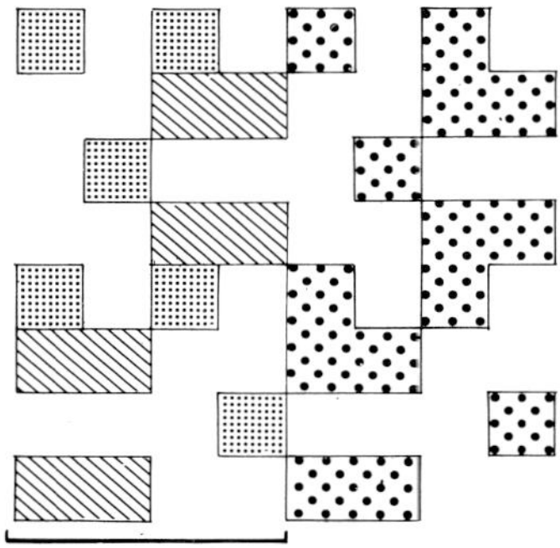

5 lames mais il existe un dérivé du satin, appelé satin sergé que l'ont peut faire avec 4 lames.

Les points de chaîne dans un satin ne sont jamais liés comme dans le sergé sauf dans le cas de satin de 4.

Satin sergé de 4 (fig. 43, satin pur de 5 fig. 44).

A partir de ces trois armures de base, vous pouvez faire ce que votre imagination, votre travail et votre expérience vous dicteront. N'imaginez pas qu'un manuel de tissage aussi complet et bien fait soit-il va vous apprendre le métier. Ce sera simplement un complément, un apport aux questions que vous posera la pratique. Le tissage est une technique absolument logique ; la fantaisie vient seulement lorsque vous maîtrisez cette technique.

Vous avez par exemple utilisé pour commencer à tisser, une laine unie ; lorsque vous vous sentirez plus fort, vous emploierez un ou plusieurs coloris en chaîne et en trame. Vous ferez un mélange de matières (ex. : laine filée 2 ou 3 bouts et laine bouclée... ou flammée), vous ferez des combinaisons d'armures (fig. 45 et 46).

Démarche des fils de chaîne ourdis, de l'armure à l'enfilage au peigne (fig. 47).

Fig. 46

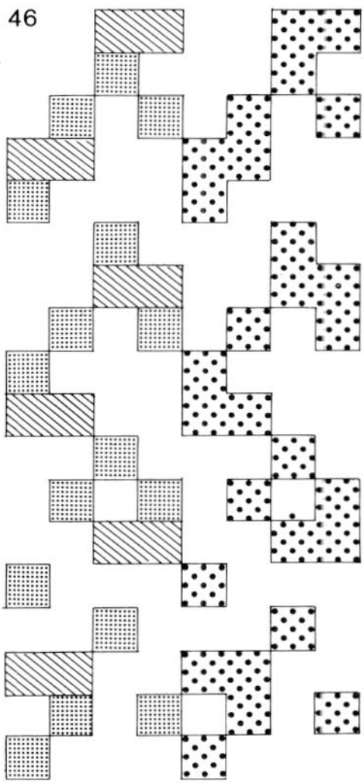

Reps 4
Sergé brisé $\frac{1}{2}$

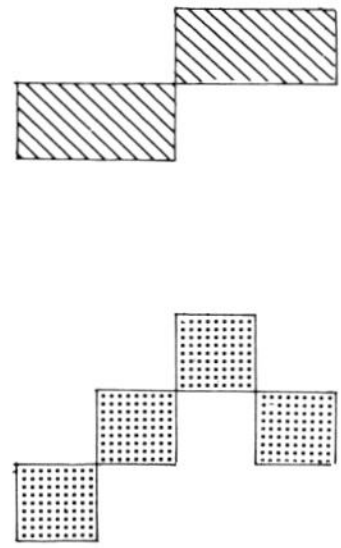

Je vous ai parlé jusqu'ici des armures, les cadres étant à la lève actionnés par un système de touches, chaque touche correspondant à un cadre qui se lève.

Il existe comme je vous l'ai déjà dit d'autres systèmes très souvent employés.

LE SYSTÈME A LA LÈVE A PÉDALE

Il s'agit de lever le cadre désiré en appuyant sur une pédale.

Exemple : pour le sergé de 3 (fig. 48).

Il s'agit de faire lever le cadre 1 puis 2 puis 3.

Exemple pour le sergé doublé $\frac{2}{2}$ (fig. 49).

SYSTÈME A CONTREMARCHE

Un cadre se lève pendant que l'autre s'abaisse. Le système de fixation des pédales aux cadres est un peu différent puisque comme je l'ai dit plus haut, chaque cadre a besoin d'une marche, d'une contremarche et de 2 pédales. En baissant la pédale fixée à la marche et aux briccteaux je fais lever le cadre correspondant et en baissant la pédale fixée à la contremarche, mais au même cadre, je fais baisser ce cadre.

Fig. 47

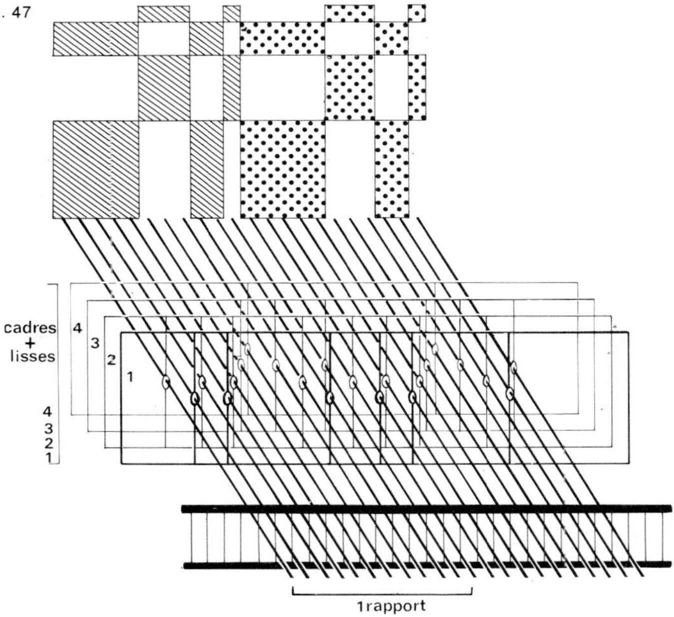

Fig. 48

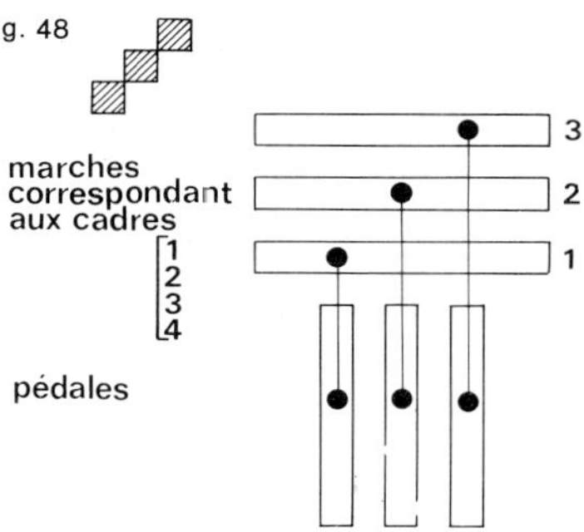

Fig. 49

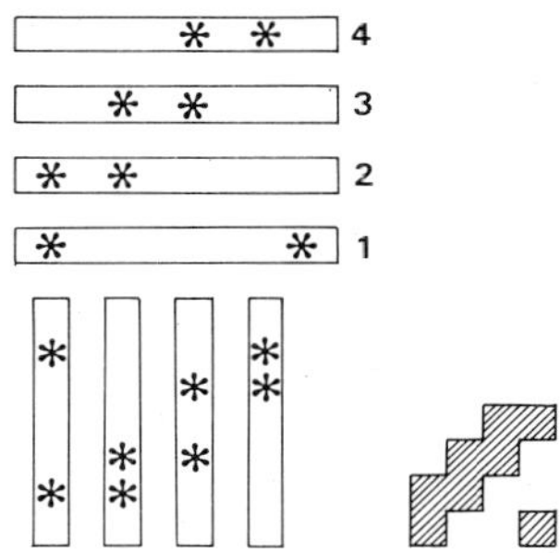

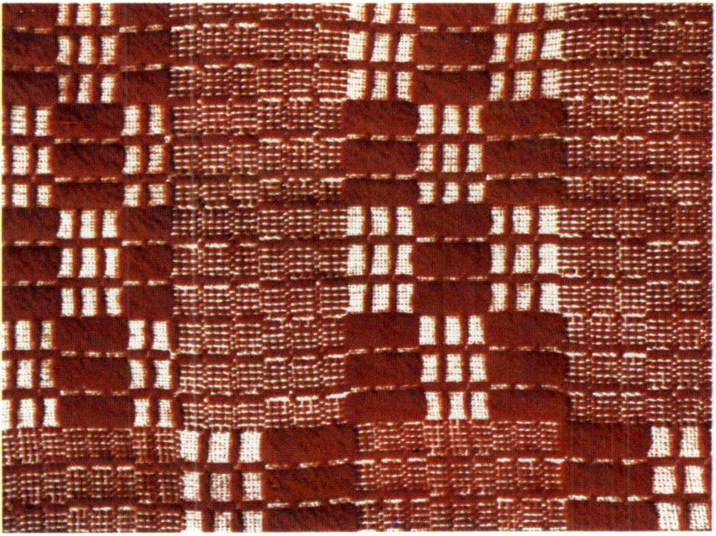

▲ *Echantillon point de toile intercalé.*

Echantillon couverture gratté et non gratté. ▼

Fig. 50

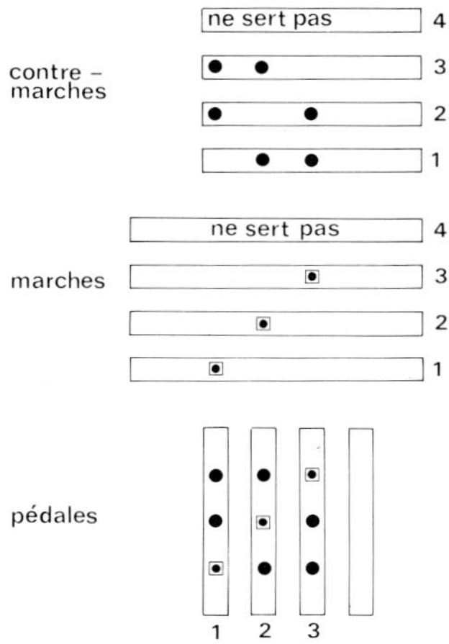

Fig. 51

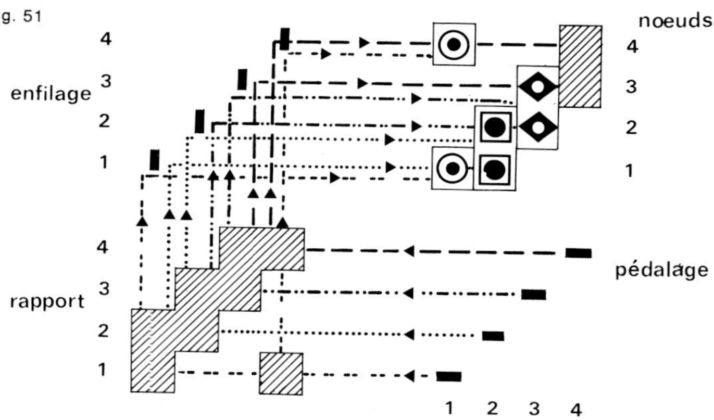

Pour comprendre ce système, il faut reprendre l'armure avec l'enfilage et le pédalage.

Dans le cas du sergé de 3 c'est relativement simple, en appuyant sur la pédale 1, je fais lever le cadre 1 attaché à la première marche et les autres cadres qui eux aussi doivent bouger c'est-à-dire baisser, sont attachés à cette pédale, mais par leur contremarche (fig. 50 et 51).

La pédale 1 veut faire lever tous les fils se trouvant dans le premier rang du rapport, c'est-à-dire les fils des cadres 1 et 4 ; il faut donc nouer les cadres 1 et 4 par l'intermédiaire des marches sur la pédale 1. N'oubliez pas que tout ce qui est inscrit correspond aux levés des fils de chaîne. Les cases vides sont les laissés de chaîne, les nœuds des cases vides se feront des contremarches aux pédales.

Satin de 5 (fig. 52 et 53).

Les marches, contremarches et pédale sont reliées au cadre 1, les 2 au cadre 2...

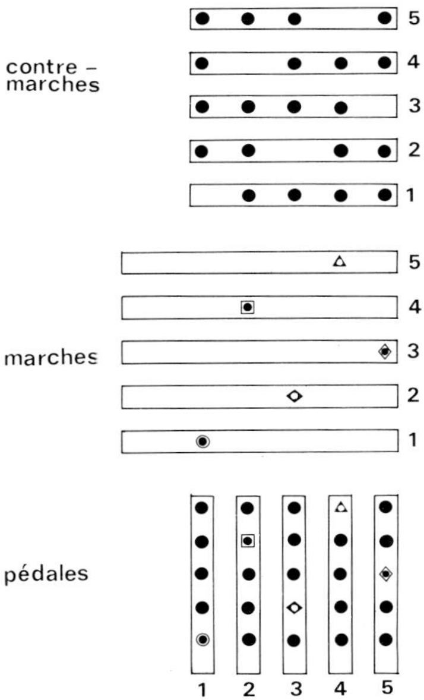

Fig. 52

Pour relier les marches et contremarches aux pédales, il vaut mieux avoir 2 jeux de ficelles pour chaque trou. Vous laisserez ces jeux même lorsque vous n'aurez pas à vous en servir.

Vous pliez une ficelle en deux, passez la boucle dans le trou de la marche ou contremarche, faites un nœud au-dessus afin d'éviter que la ficelle ne passe entièrement par le trou.

Fig. 53

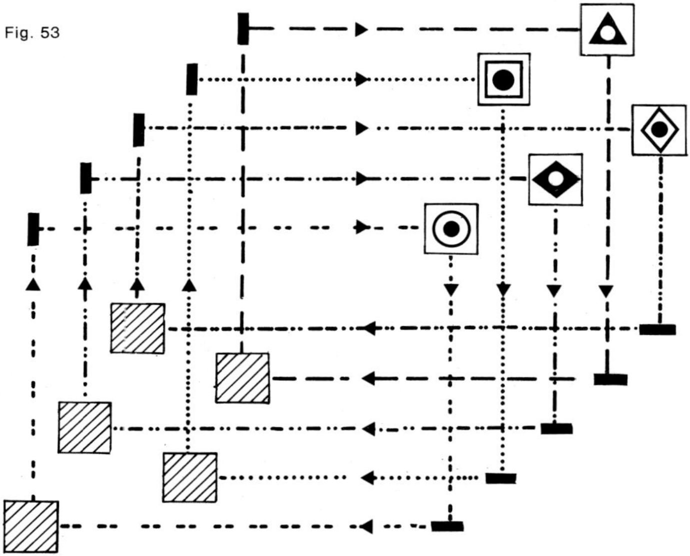

Pour la marche, vous faites un nœud sous la pédale.

Vous faites une double boucle avec la ficelle du dessus, introduisez celle de la pédale en faisant un nœud double pour la bloquer.

Vous avez bien vérifié que votre enfilage aux lisses et au peigne était exact, vous êtes donc prêt à tisser. C'est-à-dire à passer la trame dans la foule formée par vos levés de cadres.

Le fil de trame que vous avez choisi en fonction du fil de chaîne (couleur) et de l'objet désiré est enroulé sur une navette plate ou sur une canette, laquelle est fixée sur une navette.

DÉMARCHES PROGRESSIVES DU GESTE

Débloquez les bricoteaux.

Vous levez un cadre,

— lancez la navette. Une navette plate passe debout entre les fils, contre le peigne. La navette bateau glisse à plat sur les fils. Ne tirez pas sur le fil pour ne pas accentuer l'embuvage normal — le tendre avec la main, en diagonale par rapport au tissu — tassez une première fois avec le peigne la main au milieu du battant.

— Changez de foule.

— Retassez — le fait de tasser deux fois vous donne un tissage

Tissu d'ameublement.

Couverture.

Fig. 54

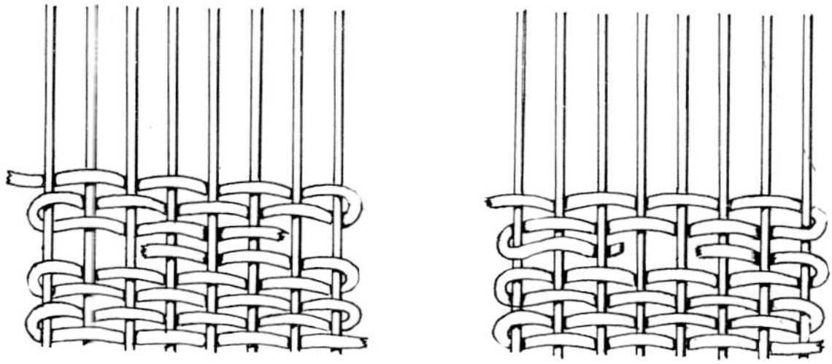

Fig. 55

beaucoup plus régulier. Vous pouvez très bien un jour être en colère (vous tasserez plus fort) ou bien fatigué (vous tasserez plus faiblement) !

— Relancez la navette, etc.

— Attention aux lisières — elles doivent être régulières.

CHANGEMENT DE FIL DE TRAME

Le nouveau fil chevauche sur quelques centimètres le fil précédent (fig. 54).

FIL CASSÉ EN CHAINE

Votre fil est fin et passe sans problème dans les lisses, prenez un morceau de fil identique, faites un nœud de tisserand à un bout (côté chaîne) passez le fil dans la lisse, dans le peigne et fixez-le, en veillant à ce que sa tension soit la même que les autres fils, avec une épingle dans le tissu.

NŒUD DE TISSERAND

Si le nœud est trop gros pour passer dans la lisse et le peigne, prenez une petite bobine de fil de chaîne, rentrez le fil dans la lisse et le peigne, fixez-le sur le tissu au moyen d'une épingle, et laissez prendre la bobine devant le rouleau de chaîne en la lestant de façon que le fil ait la même tension que les autres (fig. 55).

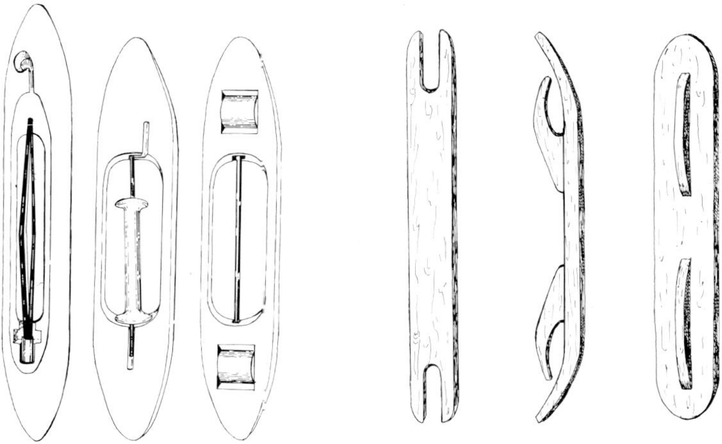

DÉFAUTS

Les défauts peuvent tous être évités ; seule l'expérience vous permettra de les déceler rapidement. de les corriger ou de vous corriger.

DÉFAUTS D'ENFILAGE AUX LISSES

Erreur d'enfilage : vous pouvez passer un fil dans une lisse du cadre 3 au lieu du cadre 2. Il faut alors défaire ce fil, mettre une lisse en coton que vous faites vous-même s'il n'y a pas de lisses vides à cet endroit dans le cadre 2, réenfiler le fil et le nouer avec les autres.

Fil de chaîne en trop : vous l'enlevez tout simplement, le laissez pendre sous l'ensouple arrière et réenfilez au peigne. Il ne doit pas y avoir de dent vide au peigne (à moins que ce ne soit voulu).

Fils de chaîne en moins : en faisant l'enfilage aux lisses, vous avez oublié un point d'enfilage, ou bien la lisse est sur le cadre correspondant, vous prenez une bobine, enfilez le fil dans la lisse et refaites l'enfilage au peigne, ou vous n'avez pas de lisse, dans ce cas faites-en une en coton.

Erreur d'enfilage au peigne : deux fils sortant des lisses se croisent derrière le peigne. Sortez-les du peigne, remettez-les parallèles et réenfilez-les.

Vous sautez une dent du peigne. Il faut refaire l'enfilage, à partir de cette dent.

Vous passez deux fils dans une dent. Si vous ne l'avez pas prévu dès le départ il faut, là encore, refaire l'enfilage au peigne en dédoublant les deux fils.

DÉFAUTS DE TISSAGE

Les fils enfilés au peigne sont noués par mèche à la barre avant. Si la largeur nouée est inférieure à la largeur du peigne, vous aurez un rétrécissement dès le départ et de la difficulté à tasser, car les fils de lisière casseront, usés par le frottement de la dent du peigne contre le fil.

Une tension trop forte du fil de trame rétrécit considérablement le tissu. Il y a toujours un embuvage produit par le passage de la trame sur et sous les fils de chaîne. Ne l'accentuez pas en tirant trop fort sur le fil de trame à sa sortie de la foule.

Les fils de chaîne sont inégalement tendus ; au lieu d'être droite, parallèle au peigne, la trame présente des ondulations, que vous devez corriger au régularisant la tension des fils de chaîne.

Si, lorsque vous tassez avec le peigne, vous ne prenez pas la précaution de tasser avec la main posée au milieu du battant de peigne, le tissu sera inévitablement plus serré d'un côté que de l'autre.

Deux canettes remplies de façon inégale, c'est-à-dire l'une trop serrée et l'autre pas assez, l'une suivant l'autre ne vont pas donner le même tissage. Le fil de la canette trop serrée va être très tendu dans la foule, l'autre par contre est plus lâche.

Un sauté peut se produire dans le tissage. Un sauté est dû au fait que l'un des fils de chaîne, moins tendu que les autres, ne s'est pas levé suffisamment ; la navette est alors passée dessus au lieu de passer dessous.

Les erreurs corrigées, vous trouvez que passer la trame est difficile. Surtout ne vous paniquez pas.

Arrêtez-vous et regardez votre métier :

— La chaîne s'affaisse à chaque coup de battant — vous avez tout simplement oublié de bloquer l'ensouple arrière. Bloquez-la et retendez la chaîne.

— Les pédales ont l'air d'être bloquées. Avez-vous débloqué les bricoteaux ? Etes-vous sûre qu'il n'y a rien sous les pédales ?

— Un cadre baisse curieusement d'un côté, êtes-vous sûr de toutes vos attaches ?

— Ne laissez pas le point de tissage arriver trop près du peigne. La foule ne serait plus suffisamment grande pour laisser passer aisément la navette. Avalez (= faire avancer), la chaîne régulièrement afin que votre tissage soit le plus aisé possible.

CHAINE MARQUÉE

La chaîne que vous avez ourdie a une certaine longueur. Je vous conseille de marquer chaque mètre de tissu en nouant un fil de couleur différente sur la lisière. Et ce, uniquement pour que vous sachiez exactement où vous en êtes et que vous n'ayez pas à dérouler votre tissu pour savoir combien il vous reste de chaîne.

PIÈCE DE TISSU TERMINÉE

Vous avez terminé un certain métrage, mais il vous reste de la chaîne à utiliser.

Avalez la chaîne jusqu'à ce que le point de tissage soit à hauteur du bord extérieur de la poitrinière avant.

Bloquez les bricoteaux.

Détendez la chaîne et coupez en faisant attention au retrait des fils de chaîne. Tenez-les, coupez-les et nouez immédiatement devant le peigne.

Libérez le tissu de la barre de l'ensouple avant, retendez la chaîne et débloquez les bricoteaux.

TISSAGE HORS DU MÉTIER

Maniez-le avec précaution de façon que la trame ne se défasse pas.

Corrigez les erreurs rentrez les fils cassés avec une aiguille.

Arrêtez les fils de trame — le plus simple et plus rapide est de faire zigzag avec une machine à coudre.

Vous pouvez aussi faire des nœuds aux fils de chaîne.

SENS CHAINE ET TRAME D'UN TISSU

Regardez votre tissu. Vous repérez vite les lisières. Mais si celles-ci sont usées, vous tirez à deux mains le tissu — le sens trame est plus souple et s'étire plus que le sens chaîne.

QUELQUES ADRESSES

MATIÈRES PREMIÈRES

Il existe trois sortes de magasins fournisseurs de matières premières.

— *Les petites filatures :* se trouvent généralement dans le sud de la France, et font en grande majorité de la laine cardée. Les prix pratiqués sont souvent modestes et les coloris naturels.

Il est impossible de les citer toutes ; elles sont fort nombreuses.

Plusieurs moyens existent, si vous désirez en dresser une liste à peu près complète :

— Les CHAMBRES DE COMMERCE.

— L'annuaire du téléphone professionnel de chaque département.

— Les FICHES ÉCOLOGIQUES, Village de VINGRAU,
66600 RIVESALTES.

Je citerai ici :

M. BALAN,
24420 SAVIGNAC-LES-ÉGLISES.

M. Laurent CAUSSIGNAC,
MOULIN-NEUF, 43170 SAUGES.

M. BONIOL,
ESPLANADE, 48400 LE MALZIEU-VILLE, etc.

Certaines de ces filatures offrent une palette plus importante dans le choix des matières et des coloris.

FILATURES PLASSARD,
LA VARENNES-SOUS-DUN, 71800 LA CLAYETTE.

Ets SANS SICARD, 6, rue de la République,
81270 LABASTIDE-ROUAIROUX.

Ets ROUARD,
81270 LABASTIDE-ROUAIROUX.

Laines CATUSSE,
12190 VILLECOMTAL, etc.

LES MAGASINS

Offrent un choix de matières et de couleurs très importants. Mais les prix sont souvent plus élevés.

Il y a malheureusement, d'une façon générale, peu de choix en lin et en coton.

— BOISSON, 181, rue Saint-Denis, 75002 Paris.

— CHARIER, 75, rue Réaumur, 75002 Paris.

— Jaques MEL, 36, rue Réaumur, 75002 Paris.

Et bien d'autres encore,

— *Les occasions à saisir* sont relativement nombreuses.

Il faut cependant bien vérifier que la laine (ou autre matière), n'ait pas trop de défauts.

Dominique et Emmanuel
CHAUCHE

LE
PATCHWORK

Dessins de Joël BORDIER
Photos Christine FLEURENT

INTRODUCTION

Le *patchwork* est une technique simple à la portée de tous. Il a l'avantage d'être économique : vous possédez probablement déjà chez vous la plus grande partie du matériel et peut-être même tout ou partie des matériaux nécessaires à la réalisation d'un coussin ou d'une petite couverture *quilt.* Il suffit de disposer chez soi d'un peu de place et surtout de s'armer de patience et de consacrer du temps à cet art. Il vous permettra de réaliser des assemblages que vous pourrez utiliser pour en faire des panneaux décoratifs, des couvre-lits très personnels, des coussins, des sacs ou des vêtements.

Le *patchwork*, l'*appliqué*, peut être une recherche personnelle ou bien une création familiale ou même encore déboucher sur une œuvre collective avec tout l'imprévu et l'enrichissement qu'engendre une telle recherche.

Avec le *patchwork* proprement dit nous verrons l'*appliqué,* le piquage ou *quilting* de même que des recettes pour réaliser au jour le jour un assemblage « *patchwork* ou *appliqué* » et ainsi, si vous ne pouvez passer que quelques moments par jour à sa confection, pouvoir tout du moins réaliser une œuvre de grande dimension.

Nous ne vous donnons pas de recettes de combinaisons de couleurs ou de composition, car le *patchwork* est un reflet très personnel des goûts et du tempérament de son créateur : nous vous présentons quelques motifs traditionnels sur lesquels se sont exercés par le passé de nombreux créateurs, (jusqu'à nos jours la plupart étaient des femmes). Elles ont réussi à créer quelquefois des chefs-d'œuvre avec cette technique d'où est sorti au XXe siècle l'Op-Art ou Optical-Art.

HISTOIRE

L'histoire du **patchwork** ou de l'**appliqué** se confond avec celle de l'homme. Dès qu'il a eu l'idée d'assembler à l'aide de fils ou de fibres, passés par des trous pratiqués dans leur texture, des matériaux souples, c'est-à-dire coudre, l'homme avait réalisé le premier **patchwork.**

Cette technique précède donc le tissage lui-même et, dès la plus haute antiquité, les hommes ont assemblé par couture les peaux et les fourrures. Par la suite, après la découverte du feutre, des tentures entières faites de panneaux de feutre cousus entre eux ont été réalisés, souvent ornés d'applications cousues de feutres de couleurs différentes.

Depuis l'apparition du tissage, le **patchwork** et l'**appliqué** sont indissolublement liés au tissu et à ses utilisations.

La technique de l'**appliqué** fut utilisée en Egypte au moins dès le troisième millénaire avant Jésus-Christ ; on a retrouvé dans des tombes de cette époque des fragments de tissus, agrémentés de scènes comparables à celles des peintures de ces tombes, exécutées par application cousue de tissus de couleurs différentes.

En Chine, des sépultures du VIIIe siècle avant J.-C. contenaient encore des fragments de vêtements et de tentures portant des décorations figuratives exécutées en **appliqué** avec des parties encore rembourrées, le tout rebrodé de fils d'or.

En Amérique du Sud, dans les tombes datant d'avant l'ère chrétienne, au Pérou on a retrouvé des fragments assez importants de tissages rebrodés et décorés de scènes réalisés en **appliqué.**

Au Caucase, chez les Scythes, avant notre ère, des harnachements de selles, des décors de tentes, faits de feutres portant des décorations ou **appliqués** de feutre d'autres couleurs ont été réalisés. Une exposition récemment, nous a montré des spécimens de cet art.

Ainsi, il semble que, dès l'histoire la plus reculée, l'**appliqué** et le **patchwork** soient apparus sur l'ensemble de la planète.

Toutes les armées du monde depuis l'antiquité ont porté sur les champs de bataille des bannières orgueilleuses, réalisées grâce à ces deux techniques.

D'autre part, la recherche de confort et de chaleur a développé de la même façon l'emploi du matelassage, afin de s'isoler du froid.

D'après les fragments retrouvés dans les fouilles ou les textes parvenus jusqu'à nous, selon la civilisation, le climat, le pays, l'environnement ou la richesse, le matelassage a utilisé à peu près toutes les matières végétales ou animales possibles : chanvre, coton, kapok, laine, paille, fanes et barbes de maïs, crins, fibres tropicales, etc.

Ainsi, dans l'Himalaya, depuis la plus haute antiquité, on porte des vêtements constitués de morceaux de tissus cousus ensemble, décorés d'applications ou de ganses de tissus appliqués, matelassés et soigneusement surpiqués.

D'autre part, le perfectionnement des armes défensives de l'homme et du cheval a vu dans toutes les civilisations le développement de vêtements supports de ces armes faits de tissus ou de peaux assemblés par couture et soigneusement matelassés, afin d'amortir, pour le guerrier, le choc des coups reçus contre les plaques ou mailles de métal de leur armure. Ainsi, les « broignes » des Francs étaient faites de peaux cousues doublées d'un tissu maintenant en place un matelassage de laine. Sur cette chemise de peau matelassée étaient appliquées par couture des écailles de fer se recouvrant telles les tuiles d'un toit. Par la suite, les cottes de mailles étaient portées sur des chemises de peau, matelassées également. Enfin, avec les armures plates, vers le XIVe siècle, en plus de la doublure matelassée de cet armement apparaît le hoqueton, sorte de chasuble faite de tissus assemblés par couture en **patchwork** et décorés de motifs **appliqués**, reproduisant le blason du chevalier. Il semble que cet art fut à son apogée au XVe siècle en Europe. On se remémorera les textes décrivant l'éblouissant spectacle coloré et richement paré de la chevalerie française avant la bataille d'Azincourt, que Shakespeare, d'ailleurs, ne manquera pas de critiquer dans sa pièce **Henri V**.

La mode elle-même utilisa ces deux techniques pour les robes des femmes comme pour celles des hommes, puis pour les pourpoints, après l'abandon de la robe par ces derniers. Les peintures de ces époques nous montrent dans tous leurs détails ces riches toilettes de velours rebrodé d'or avec application de soie, de bijoux, de perles, etc. L'emploi de l'**appliqué** et du matelassé se développa davantage encore à la Renaissance où les parures des hommes et les robes des femmes furent si surchargées de broderies, de bijoux que l'emploi des toiles de cuir matelassées et surpiquées fut nécessaire. Les tissus étaient plissés et cousus, avec des fentes pratiquées découvrant des soies bouillonnantes de couleurs différentes, **(appliqué inversé),** des rubans surpiqués, des broderies d'or, d'argent, de perles, des bijoux entiers cousus. Certaines robes d'Elisabeth Ire d'Angleterre étaient si pesantes qu'elles étaient montées sur une armature de fer garnie de roulettes afin que la souveraine pût marcher.

Les drapeaux continuaient à flotter sur les champs de bataille, grands **patchworks** brodés et gansés de soie.

En Orient, les dignitaires chinois étaient vêtus de grandes robes de cour, faites de soie, décorées d'applications et de broderies. Certains manteaux de cour étaient des **patchworks** de pièces de soie, brodées de motifs et assemblées entre elles par des rubans de soie brodée. Les guerriers chinois et japonais portaient aussi sous leurs armures des vêtements de **patchwork** matelassés en tissu avec des applications de peaux aux endroits où le frottement des pièces de métal risquait de détériorer les tissus.

En Afrique, les chefs du Bénin avaient des manteaux de **patchwork** matelassé, en général fait de tissus teintés à l'indigo de tons différents. Les caparaçons des chevaux aussi, étaient faits de la même façon. Jusqu'au XIXe siècle, de pareils harnachements étaient encore en usage.

Il faut remarquer que le port de **patchwork** matelassé comme substitut d'armure fut révélé aux Européens par leurs contacts avec les Sarrasins, d'abord à l'époque de Charlemagne puis lors des Croisades. Il semble donc que cette technique nous vienne d'Orient et d'Afrique du Nord.

En Amérique centrale, la technique de l'**appliqué inversé** existait déjà depuis longtemps chez les Caraïbes. Au Mexique et au Pérou, lors de la conquête du Mexique, les femmes confectionnaient et cousaient des panneaux décoratifs qui, après la période coloniale, ont été employés pour garnir les empiècements de robes.

Mais l'essor prodigieux qui nous a fait connaître ces techniques à travers d'innombrables pièces fut suscité par l'émigration et la colonisation du Nouveau Monde. Bien sûr, bien avant la constitution de la Nouvelle-Angleterre et du Canada en colonies européennes, le travail du **patchwork** est utilisé en Europe par les classes pauvres. Le tissu tissé à bras est cher et il faut l'utiliser le plus longtemps possible. Les hivers sont rigoureux et le chauffage à peu près inexistant, aussi les chutes de tissu au moment de la confection des vêtements sont soigneusement conservées et utilisées pour confectionner les **patchworks** qui seront ensuite matelassés avec la laine des moutons, mais plus souvent encore avec des feuilles sèches, des fougères ou de la paille hachée.

Malgré l'implantation de l'industrie du tissage en Angleterre, le tissu ne baisse pas encore d'une façon assez sensible pour faire disparaîre cette façon de produire des couettes chaudes dans les classes peu favorisées.

Dans la colonie qui deviendra les Etats-Unis, les décrets du **Navigation Act** obligent les colonies britanniques à ne faire commerce qu'avec l'Angleterre, et à n'acheter de tissu que tissé en Angleterre. De plus, est interdite l'exportation vers les colonies, de toute pièce de métier à tisser, et un tisserand ou un artisan capable de bâtir un métier à tisser ne pouvait légalement émigrer ; les peines étaient sévères pour ceux qui se faisaient prendre ; la première fois, la prison, la seconde, ou lui coupait les mains.

Aussi, le moindre tissu était-il précieux et utilisé jusqu'à ce qu'il tombe en morceaux. De plus, les parties non usées de celui-ci étaient cousues ensemble pour en faire d'autres pièces de tissus.

D'autre part, le climat n'était pas clément en hiver ; il faut se souvenir que, lors des premiers peuplements, la moitié des immigrants ne virent pas leur second printemps sur le Nouveau Monde : le froid de l'hiver les avait tués.

Très vite, on prit l'habitude, à cause de la nécessité de se garantir du froid et du fait de la chèreté excessive et de la rareté des tissus, de fabriquer soi-même avec des morceaux encore bons, des couvertures en **patchwork** que l'on matelassait avec tout ce qui tombait sous la main de léger et isolant : paille, fanes de maïs, plumes bien sûr, laine, crins mais encore même des gazettes froissées. Ce matelassage était maintenu en place par des nœuds régulièrement espacés ou par un surpiquage.

De cette façon est né le **crazy-quilt** dont nous vous parlerons plus loin.

Par la suite, des dessins géométriques, en lignes droites, sont nés petit à petit par la combinaison de figures simples telles que triangles, carrés, losanges, trapèzes, hexagones.

Certains des motifs étaient venus d'Europe et existaient déjà en Angleterre, en Hollande, en Allemagne et en France : les hexagones, les bandes, les cercles de mariages (dessin traditionnel celte) venus d'Irlande et de Bretagne, les éventails, etc.

Au cours du temps, les dessins se sont compliqués et ont donné naissance à un nombre important de motifs. Les plus anciens font référence dans leurs noms à l'Ancien Testament. Chez les premiers émigrants qui étaient des puritains, et aussi par la suite chez les pionniers, le seul livre de la maison était la Bible, aussi trouve-t-on des motifs qui s'appellent « Etoile du Roi David », « Etoile de Bethléem », « Echelle de Jacob », etc. D'autres recevaient des noms se référant soit à des dieux locaux, soit à l'objet ou l'animal à quoi le dessin pouvait faire penser, soit encore à l'inventeur du motif ou à une histoire ou légende locale : « Chemin vers l'Oklahoma », « Les Pas Errants », « La Patte d'Ours », « Mare de la Jument ».

Par la suite, l'Indépendance a amené aux Etats-Unis le métier à tisser en plus de ceux importés auparavant en contrebande. Mais le **quilt** est déjà devenu à cette époque une tradition et le fait que les tissus soient plus aisés à trouver rend seulement plus facile les assortiments de couleurs.

Les femmes, car ce sont elles à 99 % qui ont réalisé les **quilts** des XVIIIe et XIXe siècles, se réunissent et réalisent collectivement des œuvres qui seront appelées **Friendship quilts (quilts de l'Amitié).**

Les imprimés envahissent les **patchworks** après 1750, année de la découverte de l'imprimerie à la plaque de cuivre qui peut être appliquée au tissu.

Au XVIIIe siècle, la couleur verte est très peu employée car on n'a pu obtenir une teinture verte qui ne déteigne ni ne passe. Elle sera trouvée en 1813. La bourre de coton employée pour faire le rembourrage des **quilts** jusqu'au XIXe siècle est remplie des graines de cette plante car on n'avait pas encore inventé la machine pour les extraire.

Aussi le fait que des **quilts** authentiques du XVIIIe siècle soient matelassés de coton sans graines démontre le chemin parcouru par cet art devenu traditionnel : en effet, il avait fallu posséder un certain nombre d'esclaves pour égrener le coton. On peut en déduire que ces ouvrages proviennent probablement du Sud et ont été fabriqués dans des familles plutôt aisées.

On découvre dans les motifs de certains **quilts** le souci de ne pas rendre Dieu jaloux... ce qui se retrouve aussi chez les tisserands de tapis en Orient. En effet, la symétrie voulue parfaite, par ailleurs, est détruite par l'introduction de motifs volontairement disposés a contrario des autres. « Seul, Dieu est parfait, et l'homme n'est pas parfait : il ne doit pas tenter d'égaler Dieu en faisant un ouvrage parfait. »

Un Art était né, et malgré l'essor de l'industrie du textile, il s'est développé jusque vers les années 1930. C'est le changement du mode et surtout du rythme de vie dans les pays industrialisés qui l'a mis en sommeil pour quelques années.

Depuis la guerre, redécouverts par les artistes, les collectionneurs et les sociologues, le **patchwork,** l'**appliqué,** l'art du **quilt** ont conquis l'ensemble du monde industriel. Des collectionneurs, des amateurs recherchent les pièces anciennes ; des hommes, des femmes ayant envie de s'exprimer à travers cette technique facile ont repris des motifs anciens ou bien créé des œuvres singulières. Les **quilts** avec leur aspect de kaléidoscope, leurs rythmes contrastés, leurs dessins géométriques ont déclenché chez des artistes américains un intérêt qui s'est concrétisé chez eux par la naissance de ce que l'on a appelé l' « Op-Art » (art optique). Les recherches d'un Vasarely sont directement issues de l'esprit du **quilt** américain.

Dans le monde entier le **patchwork** et l'**appliqué** sont utilisés pour créer soit des œuvres d'art, soit des objets.

En Afrique, aujourd'hui, les Fons du Bénin exécutent des collages de tissus. Au Japon, les **appliqués** Ainous sont basés sur des formes géométriques.

En Egypte, des **appliqués** copient les peintures des tombeaux anciens et renouent ainsi avec un passé fabuleux de plus de quatre millénaires.

Aux Etats-Unis et au Canada, on organise des **quilts parties** où chacun apporte son ouvrage et où l'on construit des œuvres collectives.

Dans les pays d'Europe, des expositions sont organisées autour d'expressions nouvelles réalisées avec ces techniques archaïques. Les musées s'ouvrent non seulement aux **quilts** anciens mais aux créations contemporaines.

Enfin, le prêt-à-porter, importé d'Orient, tend à rendre quotidien le port de vêtements ou de sacs réalisés en **patchwork matelassé,** prolongeant l'éphémère époque « hippie » qui fut pour beaucoup dans l'intérêt que les créateurs du monde civilisé ont porté à la technique du **patchwork** ou de l'**appliqué.**

Enfin, la première manifestation à l'échelle européenne a eu lieu en 1976 lors d'une exposition intitulée : Textiles Appliqués et Fabric-collages, organisée au musée du château d'Annecy, et qui réunissait des œuvres de 34 créateurs sélectionnés dans les pays d'Europe.

Dessus de coussins. « Patchwork » en écailles.

ORIGINE ET DEFINITION DES TERMES EMPLOYES

Le grand développement du travail du puzzle de tissus dans le Nouveau Monde anglo-saxon fait que la plupart des termes employés sont issus de l'anglais.

Le mot **patchwork,** d'origine anglaise, est formé de **patch** qui veut dire — pièce, morceau — et de **work** — travail — dans le sens d'ouvrage. Il faut noter que le verbe **to patch** signifie ravauder, rapiécer ce qui redonne au mot **patchwork** tout le contenu de l'histoire de son essor dû aux dures lois des colonies anglaises du XVIIIe siècle en Amérique.

Actuellement aux U.S.A. le mot **patchwork** tend à désigner un ouvrage fait de morceaux de tissus assemblés, quelle que soit la technique employée tandis que le mot **piecework** — ouvrage de pièces — désignerait plus particulièrement l'ouvrage d'éléments cousus par juxtaposition et le terme d'**appliqué** d'origine française, est celui d'un ouvrage fait de morceaux de tissus assemblés par superposition. Dans ce livre, nous emploierons le mot **patchwork** dans le sens qui est donné en France : ouvrage fait de morceaux cousus bord à bord.

Nous emploierons souvent le mot **quilt** dans ce livre faute d'avoir à notre disposition dans la langue française un mot équivalent qui contienne toute sa signification et sa spécificité. Le mot **quilt** signifie littéralement : piqué ; il peut être entendu au sens commun, par couverture piquée, courtepointe, mais il recouvre bien autre chose. Il est employé pour désigner un ouvrage matelassé dans lequel un surpiquage réunit et fixe en même temps un dessus ouvragé ou non en **patchwork,** une bourre ou molleton et une doublure. Il faut noter que les Canadiens français qui ont, eux aussi, une grande tradition du **patchwork** ont donné un équivalent au **quilt** avec tout le sens de ce dernier mot — ils appellent ces ouvrages des « couettes ». **To quilt** en anglais signifie piquer dans le sens français de surpiquer. Le **quilting** désigne soit l'action de surpiquer un ensemble matelassé, soit l'ensemble du dessin de surpiquage et du travail de surpiquage.

Voici un petit lexique des mots employés et des équivalents anglais que vous pourrez rencontrer dans des publications spécialisées ou lors de rencontres avec d'autres amateurs de **patchwork.**

Appliqué : anglais **appliqué.** Ouvrage constitué de pièces assemblées par superposition et cousues, débordant les unes sur les autres ou cousues sur un fond plus grand.

Appliqué inversé : en anglais **reverse appliqué.** Technique d'origine indienne employée en Amérique centrale et dans les Andes où elle est appelée **mola** : la pièce d'étoffe principale (ou de peau) était découpée à certains endroits et laissait apparaître des tissus de couleurs et matières différentes dans les ouvertures.

Bâtir : anglais **baste.** Action de fixer temporairement des éléments ensemble soit par faufilage, soit par des épingles.

Bourrage : ou **stuffing.** Technique employée pour matelasser seulement quelques portions définies d'un **quilt** ou d'un **patchwork.**

Bourrage à l'anglaise : english padding. La technique est citée plus haut, mais le bourrage se fait après le **quilting,** en introduisant la bourre dans les portions délimitées par le surpiquage par des fentes pratiquées dans la doublure et refermées par une suture aux petits points ou points croisés.

Calibre : template. La traduction de **template** peut être patron, mais dans le cas de **patchwork** géométrique, il s'agit plutôt de calibre — petit patron découpé dans une matière rigide et indéformable servant à tracer et découper les pièces du puzzle de façon précise.

Courtepointe : quilt (dans sa signification étroite). Un ouvrage pouvant couvrir tout un lit, bord et oreillers compris.

Couette : quilt. Vieux mot français pour désigner le **quilt** d'ouvrage matelassé composé.

Contrepoint : back-stich. Point de couture utilisé en Europe et chez les Canadiens français dans l'opération de surpiquage **(quilting)** de préférence au point filé **(running stich)** ou point simplement utilisé par les Anglo-Saxons.

Doublure : backing. Pièce de tissu de la dimension totale de l'ouvrage formant le dos du **quilt.**

Edredon : comforter. Couverture piquée, ne présentant pas de travail de **patchwork** où toute la décoration est faite par le dessin de surpiquage ; usuellement, il ne recouvre que la surface d'un lit sans les oreillers.

Faufiler : long running stich. Point long et lâche servant à bâtir.

Ganse : binding. Une bande de tissu ourlée devant et derrière à cheval sur les bords de l'ensemble de l'ouvrage. Cette technique est la plus couramment employée comme finition des **quilts.**

Jeté : throw. Petit quilt. Il servait autrefois à être jeté sur les genoux des femmes pour leur tenir chaud à la veillée dans les demeures peu chauffées.

Matelassage : padded-work. Technique qui consiste à insérer entre le dessus de la tenture ou du **quilt** et la doublure une épaisseur d'une matière isolante légère.

Motif de base : block. Composition faite dans une figure simple (carré, losange, rectangle) et qui sert de base soit par sa répétition, soit par son alternance avec d'autres motifs, à la composition générale d'un **quilt.**

Patchwork : ouvrage fait de morceaux de tissus différents assemblés par couture, collage, etc. terme général.

Quilt : ouvrage de **patchwork** matelassé et surpiqué. Le dessin du surpiquage intervient dans la décoration de l'objet. Nous verrons dans le chapitre qui lui est consacré les différentes sortes traditionnelles de **quilts.**

Rembourrage : batting. Matière légère, isolante et élastique qui sert au matelassage ; molleton de ouate légère.

Trapunto : technique spéciale, venue d'Italie, de rembourrage effectué avec des cordonnets ou cordelières de coton ou autre matière.

LE MATERIEL

Vous possédez sans doute la majorité du matériel nécessaire à la réalisation de *patchwork.* En effet, un simple nécessaire de couture en est la base et nous possédons tous chez nous des aiguilles, du fil et une paire de ciseaux.

Le *patchwork* étant un art de patience et de précision, il est nécessaire d'avoir à sa disposition un minimum de matériel que nous allons détailler. Il est très décourageant d'être pris de court lors de la réalisation d'un ouvrage, et, ainsi, de ne pouvoir continuer au rythme envisagé, à cause du manque de telle ou telle fourniture indispensable à ce stade de votre travail.

Composition Patchwork.
Dominique Chauche.

MATERIEL DE PREPARATION

— Deux crayons à mine de plomb. Il est recommandé de se munir de crayons durs et demi-durs (HB, H et 3H), taillés pointus, pour tracer les patrons et calibres ainsi que pour marquer les coutures. Eviter les crayons gras dont les traces s'étaleraient sous les doigts et laisseraient des marques sales sur le travail.

— Une gomme afin d'effacer les marques après le travail.

— Papier à patron : c'est du papier de soie à surface lisse que vous trouverez chez les mercières ou encore dans les magasins spécialisés dans la fourniture des couturières. Il vous sera nécessaire pour reporter un

« Log cabin », cabane de rondin.
Composition Dominique Chauche.

dessin de *patchwork* ou d'*appliqué.*

— Papier kraft : un rouleau de papier kraft (utilisé pour les paquets ou couvrir les livres) que vous utiliserez pour y tracer les grands motifs de piquage ainsi que pour protéger les parties épinglées dans les *appliqués.*

— Papier bristol ou mieux encore des feuilles minces de PVC (plastique) rigide pour y découper vos patrons et vos calibres. Ayant à répéter un grand nombre de fois la même forme de pièce de façon précise, il est nécessaire que le bord du calibre ne se détériore pas par des tracés nombreux. Autrefois, les confectionneurs de *patchwork* se faisaient découper leurs calibres dans des feuilles de fer blanc soit par un voisin bricoleur, soit par le forgeron du village. Le PVC rigide en feuille mince est le matériau idéal pour cet usage, car vous pourrez facilement y découper vous-même vos calibres avec une lame bien affûtée.

— Pointe de cartonnier, bien affûtée, pour découper vos calibres. Son emploi est préférable à celui des ciseaux, surtout pour les dessins géométriques utilisant les droites — à défaut une lame de rasoir.

— Plaque de verre demi-double de 30 cm × 30 cm, que vous ferez couper chez le marchand de couleurs ; elle vous servira comme support pour découper vos calibres avec la pointe de cartonnier.

— Carbone de couturier, afin de pouvoir reporter un dessin ou un patron sur un autre matériau avec une roulette à tracer ; à défaut, du carbone à machine à écrire.

— Roulette à tracer, que vous vous procurerez avec le papier à patron et le carbone chez un fournisseur de couture.

— Règle plate transparente de 50 cm graduée en cm.

— Equerre d'au moins 30 cm de côté.

— Double-mètre à ruban qui vous servira à tracer et à contrôler les mesures de votre travail.

MATERIEL DE REALISATION

— Paire de ciseaux de coupe, bien affûtés.

— Paire de ciseaux à broder bien pointus qui vous serviront à couper les fils pour les finitions, surtout dans les *appliqués.*

— Boîte d'épingles d'acier, d'au moins 1 000 épingles, car un grand nombre est immobilisé pendant assez longtemps dans le cas d'*appliqués* compliqués. Ajoutez une petite boîte d'épingles de modiste qui sont beaucoup plus longues et vous seront d'un grand secours dans la réalisation des *quilts.*

— Aiguilles aussi bien pour bâtir que pour coudre si vous êtes puriste et voulez réaliser votre *patchwork* ou *quilt* à l'ancienne. Prenez un assortiment. Toutefois nous pouvons vous conseiller des aiguilles n°s 7 et 10 pour les petits points, des aiguilles longues et fines n°s 3 et 9 sont très utiles pour l'*appliqué,* certains préfèrent même les aiguilles longues de modiste pour ce travail. A vous de trouver la taille qui vous convient le mieux

— Fils :

- *du fil à bâtir :* ayez des petites bobines de fil à bâtir de différentes couleurs, car sur certaines couleurs foncées vous emploierez les plus clairs et sur les claires les plus foncés. Sinon, si vous n'employez qu'une seule couleur de fil à bâtir, choisissez-le de couleur vive rouge ou vert afin qu'il tranche.
- *du fil à coudre n° 40.* Munissez-vous de bobines de fil n° 40 de coton plutôt que des tubinos de simili ; la solidité des coutures

en dépend et, surtout dans les appliqués cousus à la machine, il évitera de casser souvent en employant le point zigzag ou le point de bourdon.

- *du fil de lin fin,* pour le piquage du *quilt,* serait l'idéal, bien que la gamme de couleurs en soit très restreinte.

— Dé à coudre : il s'avérera nécessaire si vous envisagez de réaliser vos projets à la main, car vous pourrez pousser l'aiguille sans dommage pour votre doigt.

— Petite pince à bec recourbé, pour dégager et tirer l'aiguille, dans l'opération de *quilting,* quand elle doit traverser une assez importante épaisseur de tissu. Vous pourrez également remplacer cette pince par un

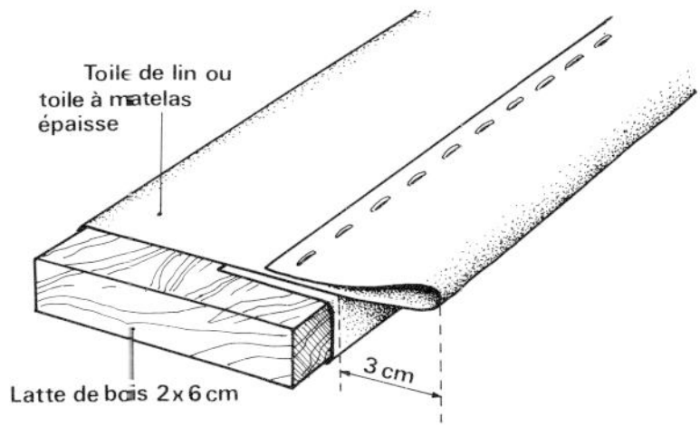

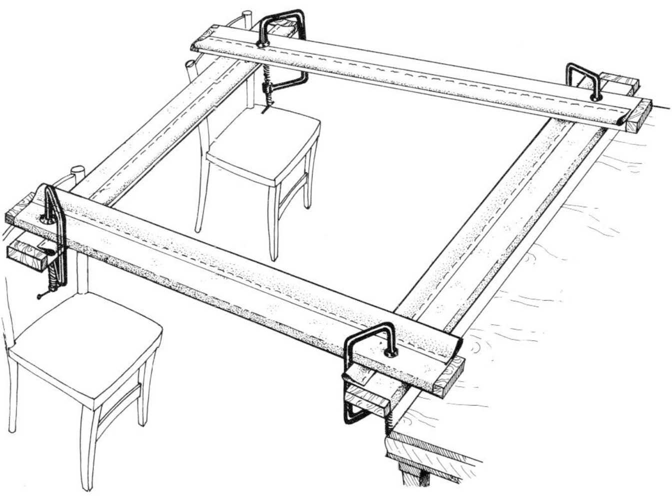

Construction d'un cadre pour le « quilting ».

« Log cabin », ombres et lumières.
Pièce du XIXe siècle. Nouvelle-Angleterre.

morceau de chambre à air de vélo ou de gant de caoutchouc épais que vous serrerez autour de l'aiguille pour la tirer.

— Fer à repasser et planche à repasser : vous en aurez constamment besoin dans le travail du *patchwork* pour retourner les coutures, pour repasser les tissus froissés, puis en fin de travail pour repasser le *patch* une fois terminé, retourner les ourlets, etc. L'idéal est un fer à vapeur, car il vous permettra de repasser votre ouvrage sans patte-mouille et sans dommage pour les tissus les plus fragiles.

— Machine à coudre : si vous voulez réaliser les coutures rapidement, ou gagner du temps sur les appliqués compliqués, elle vous sera indispensable si vous voulez le faire d'une façon continue. Si vous n'en avez pas, elle n'est pas indispensable et vous pourrez réaliser vos œuvres à la

« Crazy Ann » (Anne la Folle).
Composition patchwork de Dominique Chauche.

main. De toute façon, l'idéal est une machine robuste, pouvant faire le point zigzag. Tous les points de broderie (dans le cas des *crazy-quilts*) sont plus beaux faits à la main.

— Cire ou stéarine : un morceau de bougie blanche suffira pour y passer votre fil avant le piquage dans l'opération de *quilting ;* traité ainsi, il glissera plus facilement et ne s'accrochera pas.

— Cadre pour le *quilting :* il sera préférable de le construire vous-même avec 4 lattes de bois de section 30 mm × 60 mm. Prenez-les deux par deux, dépassant d'au moins 30 cm la longueur et la largeur de l'ouvrage que vous envisagez. S'il s'agit d'un *quilt* servant de couvre-lit, vous aurez besoin de grandes dimensions à faire réaliser chez un menuisier. Vous garnirez ces quatre lattes d'un revêtement de toile à matelas serrée. Pour le faire, vous découpez une bande de toile de 33 cm à 25 cm de largeur que vous clouez à plat sur une des faces larges en retournant le tissu d'un centimètre, puis vous enveloppez en faisant un tour autour de la latte et vous faites dépasser de 3 cm sur la face supérieure avant de replier par en dessus et de clouer sur le dessus de la latte à l'aide de semences de tapissier ou d'agrafes, si vous possédez un autocloueur.

Vous achèterez quatre petites presses métalliques qui vous serviront à assembler le cadre après en avoir vérifié les dimensions avec votre double-mètre. Ce cadre peut être posé sur le bord d'une table et le dos de deux chaises, sur quatre chaises, ou des tabourets ou tréteaux selon ce que vous possédez, la toile à matelas préservera vos meubles des rayures.

MATERIAUX

LES TISSUS

Le soin du choix des tissus, l'attention et le goût que vous apporterez sont la base même du ton personnel qu'aura votre travail une fois terminé, surtout si le dessin en est très traditionnel et simple ; les couleurs, les impressions et les matières choisies entrent à partie égale avec leur agencement et leur organisation ultérieurs dans l'aspect final de l'objet que vous projetez.

Tous les tissus se prêtent à ce genre de travail, toutefois certains sont plus appropriés à certaines techniques ou utilisés pour donner des effets spéciaux grâce à leurs propriétés spécifiques.

En premier lieu viennent, dans leur grande variété, toutes les cotonnades fines : toile fine, calicot, satin de coton, vichy, popeline, cretonne, etc. Peuvent aussi être employés : la soie comme le satin, le velours, la panne (le twill ou le pongé sont plus difficiles à utiliser à cause de leur tendance à la déformation) ; beaucoup de nouveaux matériaux, à condition qu'ils soient souples et ne rétrécissent pas au repassage comme Dacron, Tergal, etc., la laine en tissage fin, drap fil, toile fine, etc.

Tous les tissus cités plus haut peuvent donc être utilisés dans le *patchwork* traditionnel pour réaliser des *quilts.* A cela on peut ajouter pour l'*appliqué,* à condition de respecter certains impératifs dans leur couture : tous les tissus, y compris les plus épais (sous réserve de les coudre soit avec des points de broderie, soit avec une machine zigzag. Velours de coton, tissus d'ameublement, tissages épais ou tissus transparents comme mousseline, organdi, tulle ou pongé de soie. Même la dentelle ou les broderies peuvent apporter des touches inattendues.

Pour tous les tissus, vous devez vous assurez qu'ils sont grand teint, qu'ils ne rétrécissent pas, qu'ils ne s'allongeront ni ne gauffreront au repassage. Pour cela, lavez et repassez les tissus que vous allez employer afin de vous assurer de leur tenue ou pour éliminer l'apprêt qui les rend raides et ne facilite pas leur couture.

Si un tissu qui vous séduit et que vous trouvez indispensable pour sa couleur ou son dessin s'avère déteindre, vous pouvez tenter de fixer la couleur en faisant bouillir (si c'est du coton) le tissu en question dans de l'eau additionnée de vinaigre à raison de 3 cuillerées de vinaigre par litre. Pour tester le résultat de votre opération, lavez votre tissu en même temps qu'un morceau de tissu blanc et vous verrez ainsi si vous pouvez l'utiliser ou non.

En règle générale, choisissez des tissus de bonne qualité, le travail que vous entreprenez serait rendu très difficile sur des tissus qui lâchent, virent ou déteignent et le résultat, sauf hasard vraiment providentiel, en serait malheureusement altéré.

Ces tissus étant destinés à être coupés en morceaux de dimensions assez réduites, vous n'en aurez besoin qu'en petites quantités et vous pouvez donc essayer pour des raisons d'économie de vous les procurer chez les marchands de tissus vendant des seconds choix ou des fins de séries. Les tissus de second choix vendus en principe à bas prix, présentent certains défauts soit dans l'impression, soit dans la couleur comme des marques ou des lignes qui empêchent leur vente en mètrages susceptibles d'être utilisés par la couture mais qui ne sont pas un inconvénient pour le *patchwork*.

REMBOURRAGE ET GARNITURES

Pour exécuter des quilts ou des tentures matelassées, il vous faudra deux matériaux :

a) Rembourrage :

Vous prendrez du coton, si vous voulez faire des *quilts* à la façon ancienne et si vraiment vous êtes puriste bien que son poids, son toucher peu élastique le rendent peu agréable. Méfiez-vous aussi de ce que, à la longue, il a tendance à faire des nodosités et des trous s'il n'est pas piqué très serré : molleton léger de coton cardé.

Actuellement, le meilleur matelassage est réalisé avec du molleton de Dacron très léger que vous pourrez trouver dans plusieurs épaisseurs. Il en existe à surface glacée qui permet une meilleure tenue pour le piquage.

La même chose existe en Orlon, l'aspect en est le même, seul le prix est plus élevé.

b) Bourrage

Si vous voulez matelasser et rembourrer plus particulièrement ou en plus grande épaisseur certains motifs de votre *patchwork,* vous devez bourrer ce motif soit avec des petits morceaux de molleton de Dacron, soit encore avec de la ouate de coton cardé ou du kapok cardé.

c) Biais

Les finitions comptent aussi dans l'aspect général de votre travail et il vous sera indispensable pour certaines d'entre elles d'avoir du biais dans la teinte la plus approchante de votre bordure.

« Northern Star » (Etoile du Nord).
Composition patchwork de Dominique Chauche.

« Flock » (le Troupeau).
Composition patchwork de Dominique Chauche.

LE PATCHWORK

Le *patchwork,* avec son aspect géométrique et ses variations, doit du fait de son assemblage par juxtaposition des morceaux de tissus, être entièrement pensé et projeté à l'avance.

En effet, la technique traditionnelle du *patchwork (piecework* pour les puristes) est essentiellement l'assemblage par juxtaposition, au moyen de coutures bord à bord, d'éléments de tissus. Ceux-ci, une fois assemblés, déterminent des dessins plus ou moins compliqués, ayant chacun leur histoire et un nom mais qui laissent la totale liberté d'en trouver d'autres.

Le travail du *patchwork* nécessitant une immobilisation de temps assez importante, vous ne devez pas hésiter à consacrer une bonne partie de ce temps au choix du dessin de base et à la composition générale, en pensant en même temps que certains dessins plus compliqués comme les courbes peuvent poser des problèmes de réalisation pratique à un débutant.

Pour commencer, nous vous conseillons de choisir des dessins simples, pouvant se couper dans le droit fil du tissu, qui seront plus faciles à assembler et vous laisseront malgré tout une grande liberté dans la répartition des couleurs et des différents tissus.

De même, nous vous conseillons d'exécuter d'abord un *quilt* de petites dimensions, ceci vous permettra de tester vos aptitudes et de vous faire la main sur une pièce intéressante mais qui vous demandera, vu ses dimensions, moins de temps de réalisation. Ainsi vous pourrez plus rapidement juger le premier résultat de votre travail. Vous vous armerez de patience bien plus facilement pour entreprendre par la suite de plus grandes pièces si vous avez pu juger et voir dans un laps de temps assez bref une ou deux premières réalisations.

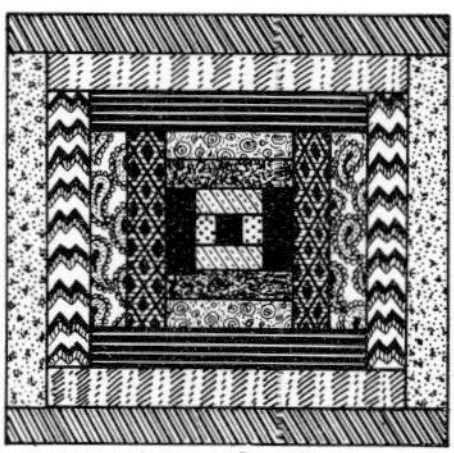

« Log Cabin »
(cabane de rondin)

« Tumblers »
(les Cornets)

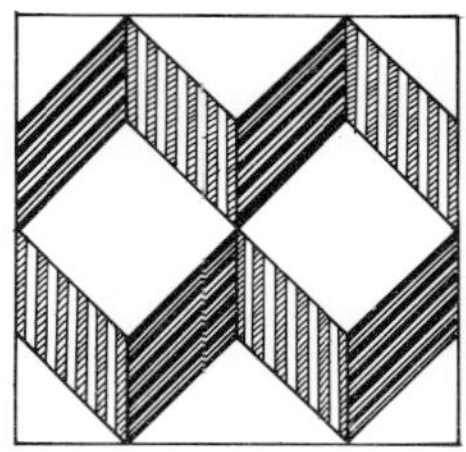

« Ribbons »
(les Rubans)

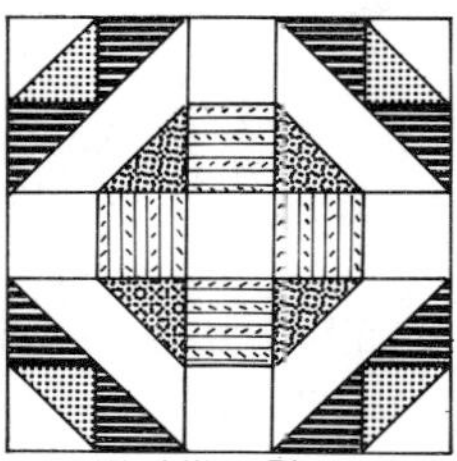

« Wedding Rings »
(Anneaux de mariage)
(moderne)

« Queen's Charlotte Crown »
(la couronne
de la reine Charlotte)

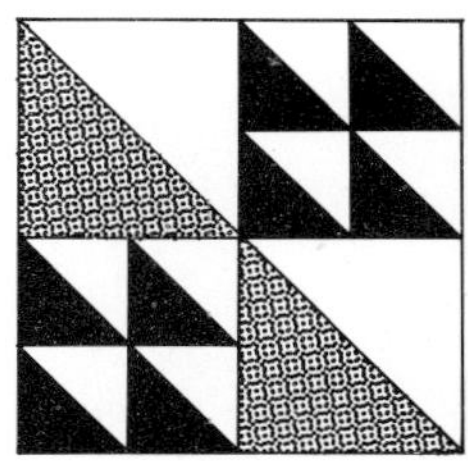

« Flock »
(le Troupeau)

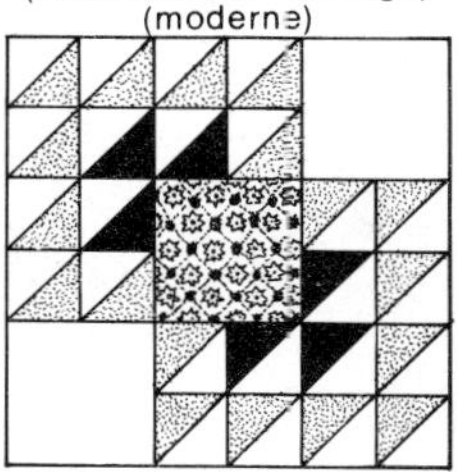

« Winged Square »
(Carré ailé)

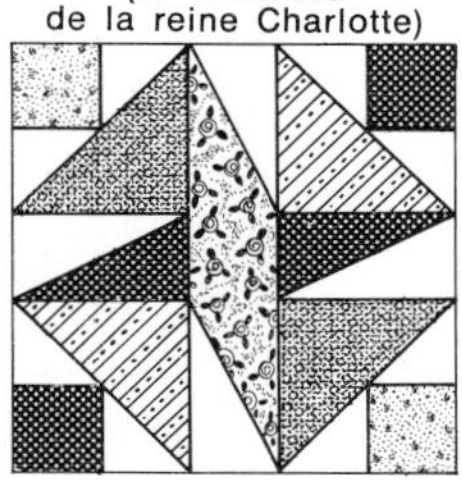

« Crazy Ann »
(Anne la Folle)

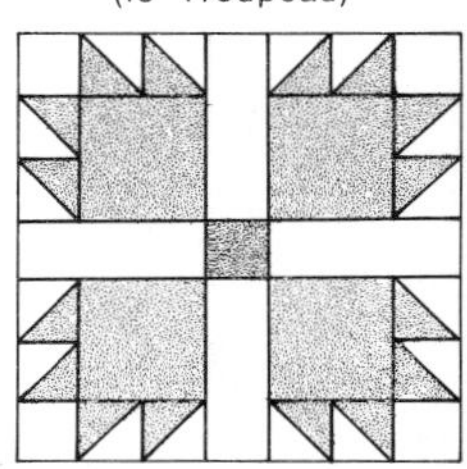

« Bear's Paw »
(Patte d'ours)

QUELQUES MOTIFS DE BASE TRADITIONNELS « PATCHWORK » :

LE MOTIF DE BASE

Vous devrez inventer ou choisir un dessin qui constituera le motif de base (anglais : *block*) de votre ouvrage. Répété, il peut donner à lui seul l'ensemble du *patchwork.* Vous pouvez choisir un ou plusieurs autres motifs de base qui, alternés avec votre premier dessin sur la surface de l'ouvrage formeront un ensemble complexe.

Les dessins les plus simples sont à base de carrés, de rectangles, d'hexagones ou de triangles, et les motifs de base sont la plupart du temps inscrits dans un carré, bien qu'ils puissent eux aussi être inscrits dans des rectangles, des triangles, des hexagones ou des losanges.

Vous débuterez par un dessin inscrit dans un motif de base carré, c'est le plus simple à assembler.

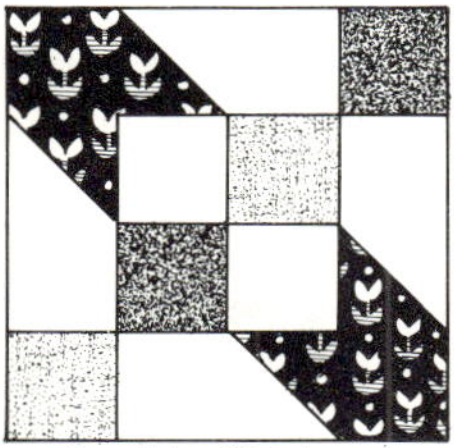

« Road to Oklahoma »
(Chemin vers l'Oklahoma)

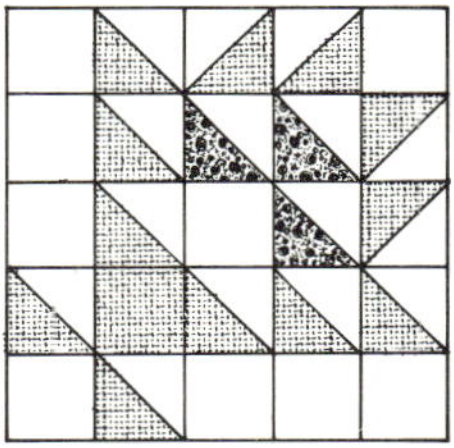

« Fruit Basket »
(Panier de fruits)

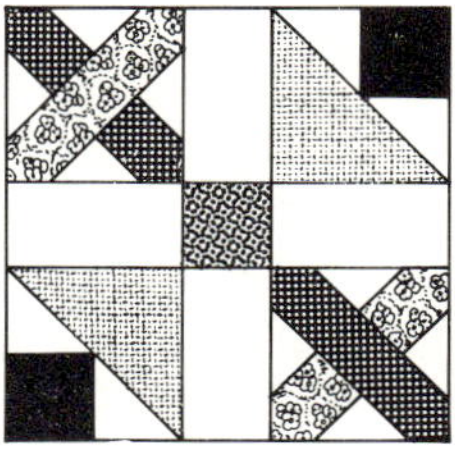

« Leap Frog »
(saute-mouton)

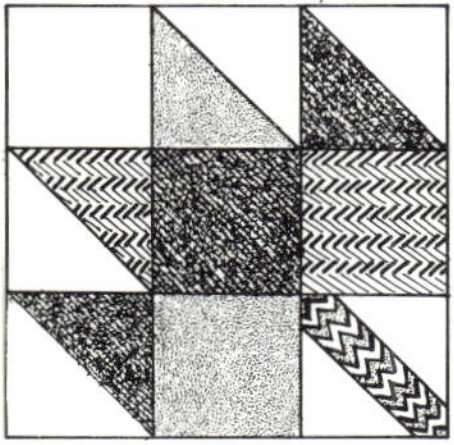

« Palm Leaf »
(Feuille de palmier)

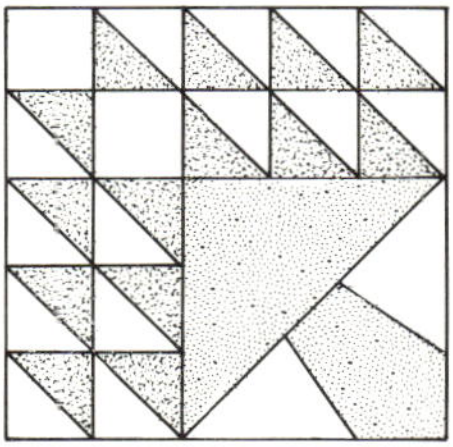

« Pine Tree »
(Pin ou arbre de vie)

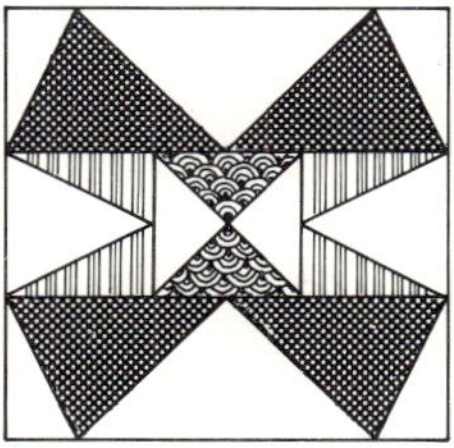

« Bow » (l'Arc)

« Arrow Heads »
(Têtes de flèche)

« Smartly hatted Star »
(Etoile bien chapeautée)

« House »
(la Maison)

QUELQUES MOTIFS DE BASE TRADITIONNELS "PATCHWORK" :

Presque tous les dessins des motifs de base inscrits dans un carré sont constitués par des lignes droites tracées à l'intérieur de ce carré qui le divisent en éléments plus simples, carrés ou triangulaires, eux-mêmes redivisibles. Vous pouvez aller ainsi du carré monobloc aux figures géométriques les plus élaborées, seule la multiplication des morceaux et donc l'allongement du temps de couture peuvent vous arrêter.

Ordinairement, les motifs les plus simples sont constitués par une division en quatre ou neuf autres carrés, et la plupart de tous les autres dessins partent de cette base. Ces mêmes carrés peuvent être soit redivisés en carrés ou rectangles, soit encore être coupés diagonalement, et déterminer par en droits des triangles équilatéraux.

EXEMPLES DE DIVISIONS PRIMAIRES DU MOTIF DE BASE :

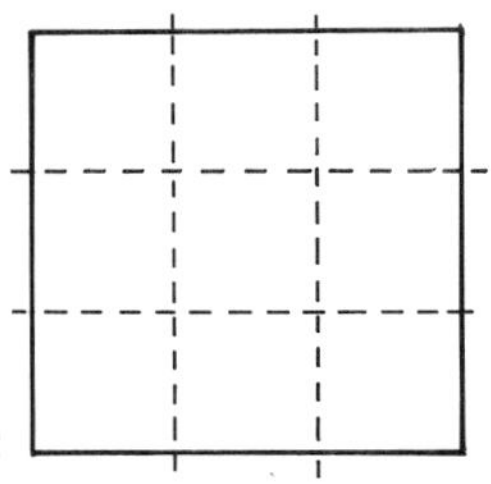

Base 9

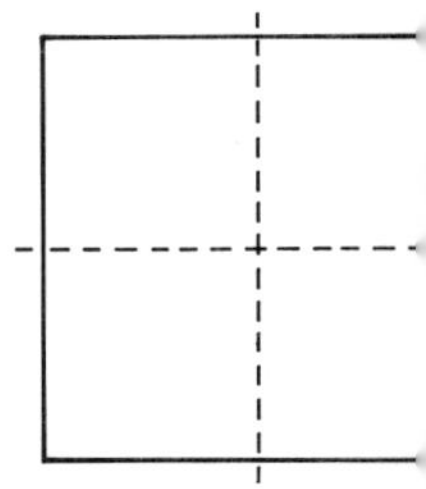

Base 4

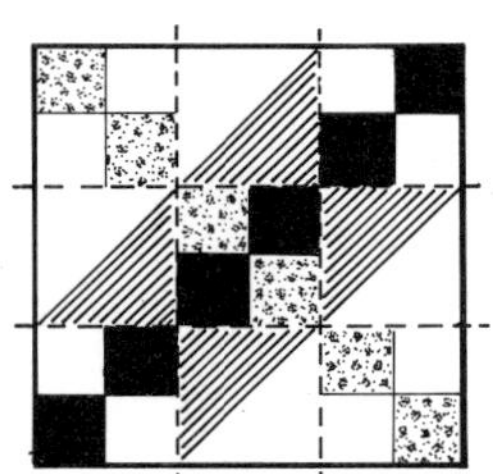

Echelle de Jacob, b. 9

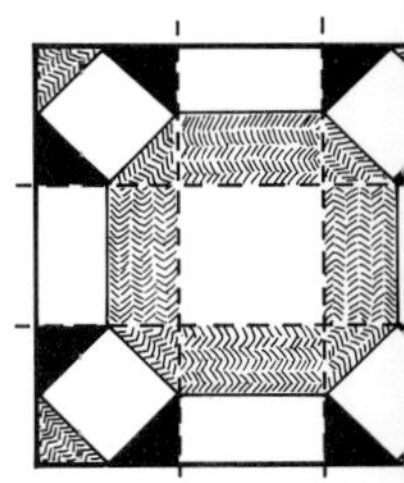

Base 9

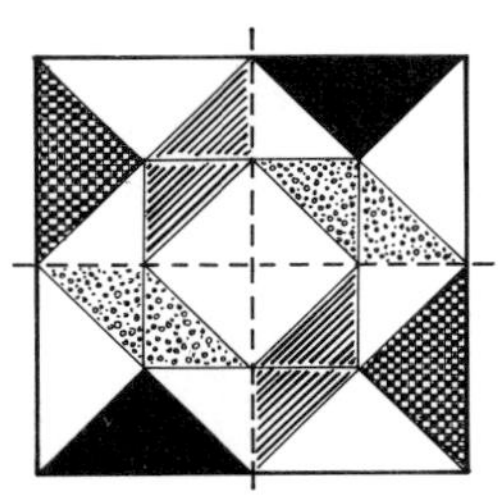

Base 4

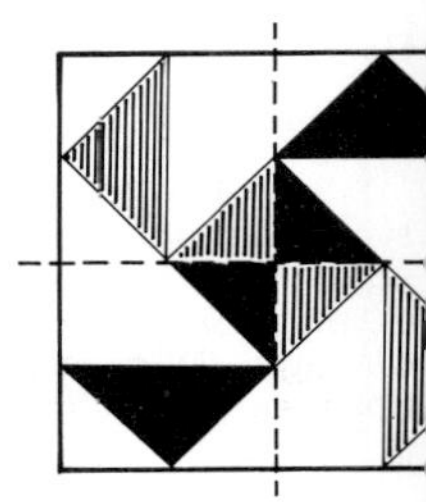

Base 4

« Winged square » (carré ailé). Motif de base.
Composition patchwork de Dominique Chauche.

COMPOSITION GENERALE

Une fois que vous aurez choisi le dessin (motif de base de votre ouvrage), vous aurez à en déterminer la répartition sur votre ouvrage. Différents types de solutions se présentent à ce moment-là.

Carré simple :

Assemblez les motifs de base en bandes ayant pour longueur la largeur de l'ouvrage envisagé, puis assemblez ces bandes ; les lignes des éléments forment un quadrillage régulier, c'est la manière la plus simple et la plus classique.

Damier :

Alternez le motif de base avec un élément différent ou un carré de même grandeur mais d'une seule pièce. On obtient le damier.

Treillage :

Tous les motifs de base sont séparés par des bandes unies de 2 cm à 10 cm selon votre goût.

Briques :

En décalant les bandes de motifs de base horizontales les unes par rapport aux autres de la largeur d'une demi-motif, on obtient un assemblage ressemblant à l'agencement des briques dans un mur.

Ces quelques exemples simples d'organisation du *patchwork* peuvent aussi être basés sur les diagonales et vous aurez ainsi des demi-carrés, triangles équilatéraux sur les bords pouvant changer ainsi tout l'aspect général du

DIFFÉRENTS ASSEMBLAGES DU MOTIF DE BASE :

Motif de base

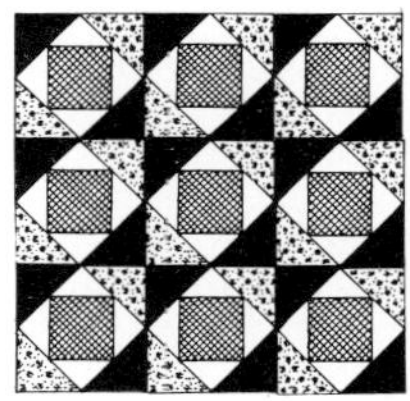

Carré simple

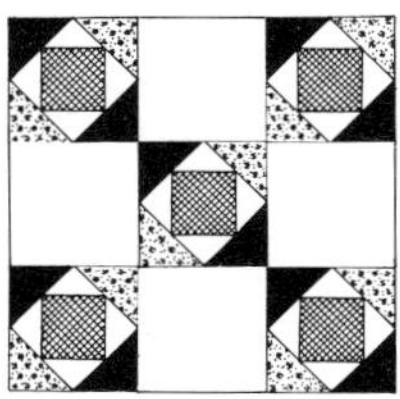

Damier

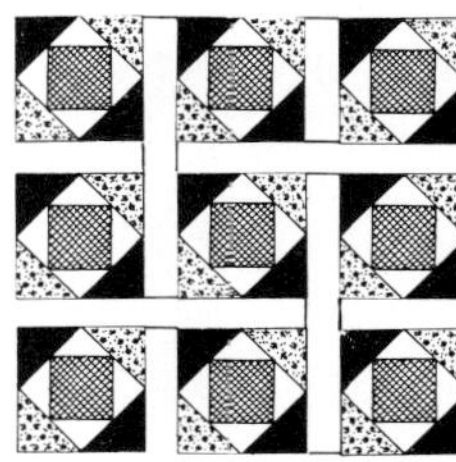

Treillage

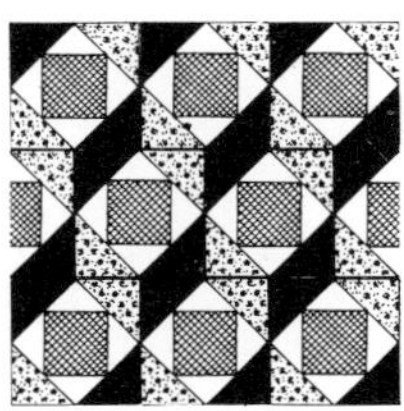

Briques

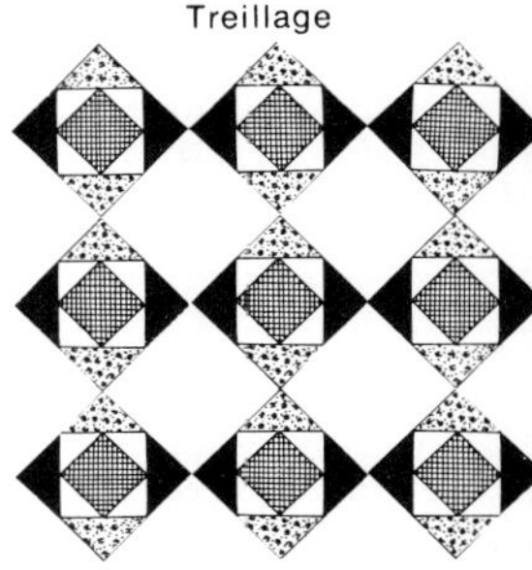

Damier diagonal

travail. Dans ce dernier cas, l'adjonction d'une bordure également de *patchwork* évitera que l'ensemble demeure à l'œil comme arrêté d'une façon arbitraire à cette dimension.

COMPOSITION ET COULEURS

Du choix des couleurs et des motifs des tissus, de leur répartition dans le dessin du motif de base, dépend l'aspect final du *quilt.* Aussi est-il important de prendre en considération les éléments suivants :

Avant la couleur pour elle-même, il faut envisager les notions de hauteur de ton, de contraste. Il est évident qu'à une certaine distance un rouge foncé et un brun foncé, s'ils sont de même hauteur de ton, c'est-à-dire de même valeur, seraient semblables pour l'œil, par contraste, à un blanc ou à un gris clair. Donc, à l'intérieur même du motif de base, il est important de choisir soit un parti fortement contrasté, le plus tranché étant l'emploi du noir et blanc, ou d'une couleur forte et du blanc, soit un parti de demi-teintes et de passages en finesse ; les tissus seront sélectionnés en fonction de la décision que vous prendrez.

ASPECTS DIFFÉRENTS OBTENUS A PARTIR DU MÊME TRACÉ DE MOTIF :

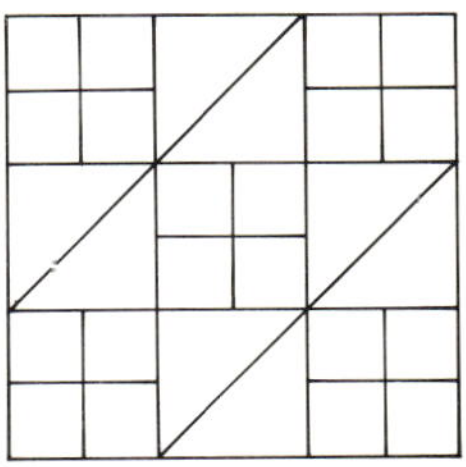

Tracé simple

Contraste simple
(le plus ancien)

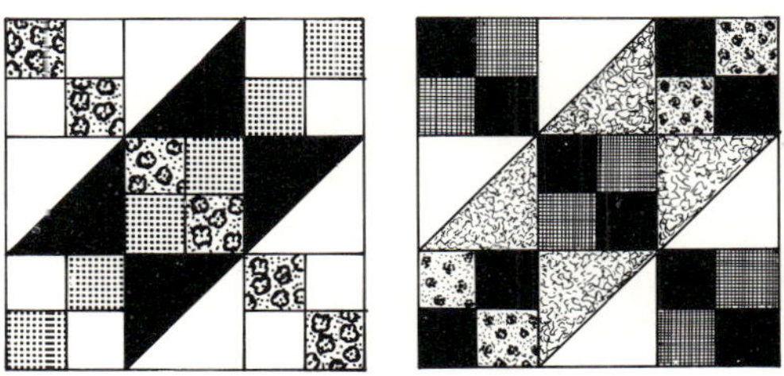

Deux autres
des aspects possibles

Si vous hésitez, vous pouvez dans les débuts établir une maquette de votre ouvrage en le dessinant à l'échelle de 1 cm pour 10 cm sur une feuille de papier millimétré, afin d'en faciliter le traçage. Sur cette esquisse réduite, vous pouvez chercher à établir un rapport des valeurs et des contrastes et vous rendre compte ainsi de l'effet produit sur l'ensemble de votre travail, des différentes solutions qui s'offrent à vous. Quant à la couleur ellemême, tout réside dans votre goût personnel et nous ne pouvons vous donner de recettes sur ce point ; c'est dans le choix des couleurs et des impressions des tissus que réside tout le côté très personnel d'un *patchwork* géométrique.

En tout état de cause, il est utile de se remémorer la rosace des couleurs :

— les trois couleurs principales : rouge - bleu - jaune ;

— les trois couleurs secondaires : violet - vert - orangé et toutes leurs combinaisons et demi-teintes ;

— de se remettre en mémoire les couleurs froides : du violet bleu au vert, et les couleurs chaudes : du violet rouge au jaune - les neutres gris, blanc et noir qui ne prennent une valeur que par constraste avec les couleurs qui leur sont juxtaposées.

Vous pouvez faire une composition en camaïeu, en n'utilisant qu'une couleur avec toutes ses variations et ses gammes de tons, et vous obtiendrez ainsi un *patchwork* raffiné.

Souvenez-vous, tout au moins dans vos débuts que les plus beaux *quilts* ne sont pas le plus souvent ceux qui étalent un maximum de couleurs, mais que la simplicité dans le choix des couleurs est souvent très payante, que le résultat final peut être surprenant de beauté avec des dessins les plus simples, qu'une modestie dans la couleur qui aurait pu passer pour de la pauvreté dans le motif de base seul, se révèle souvent d'une force esthétique évidente lors de l'assemblage final.

CHOIX DES TISSUS

Interviennent aussi dans l'aspect général de votre *quilt* l'impression et la texture graphique de chaque tissu. Il sera préférable de choisir dans les tissus imprimés, des impressions assez petites. Ils pourront être découpés en morceaux petits sans perdre l'intérêt de leur graphisme, au contraire, et souvent vous les découvrirez de cette façon sous un aspect très différent de celui qu'ils ont en grandes dimensions.

Souvenez-vous qu'un « beau tissu » vu en pièce sur l'étal du marchand n'est absolument pas un critère de son aptitude à rentrer dans votre projet. Par la suite, quand vous serez devenu créateur de *quilt* expérimenté, vous saurez vite reconnaître, dans un magasin, le tissu sans prétention, peut-être laid dans son entier, mais qui, une fois découpé et intégré dans votre dessin, aura un aspect tout différent et chantera d'une façon inattendue.

Bien sûr, employez aussi des unis mais essayez toujours de les utiliser pour faire « contrepoids » aux imprimés. N'ayez pas peur de vous risquer à opposer des tissus fleuris à des rayures, des pois, des vichys, etc.

**Les Eventails. Quilt traditionnel « patchwork ».
Pièce du début du XXe siècle.**

En ce qui concerne les qualités des tissus, nous avons vu plus haut que les cotonnades sont l'idéal. Pour vos débuts, choisissez parmi les tissus cités dans les matériaux suivants : les toiles fines — le calicot — le satin de coton, la satinette — le vichy — la cretonne fine. Evitez la percale et le chintz. Tissés très serré, ils vous poseront des problèmes de couture dans le *quilting* ou surpiquage. D'autre part, le chintz, ayant reçu une préparation spéciale glacée, aura tendance à prendre un aspect de papier glacé froissé au cours de votre travail et, à moins de vouloir obtenir cet effet spécial, vous l'éviterez. Enfin, le prix de ces deux tissus est plus élevé que celui des autres cotonnades légères.

Par la suite, vous pourrez intégrer d'autres matières, mais il est évident qu'un *quilt* exécuté dans la même matière aura des qualités plus homogènes et ainsi vieillira plus harmonieusement sans poser trop de problèmes en cas de nettoyage.

Quand vous saurez assembler ces tissus fins d'une façon parfaite, sans les froncer et en faisant soigneusement coïncider les dessins, vous pourrez envisager d'utiliser des matériaux plus épais, moins employés mais qui peuvent vous faire découvrir d'autres aspects du *patchwork.* Si la fantaisie vous en prend, par exemple, vous pourrez employer des velours plats, côtelés, milleraies, imprimés et une tout autre image du *patchwork* vous apparaîtra.

PATRONS ET CALIBRES

Ayant à découper un certain nombre de pièces de chacun des composants du motifs de base, il faut que vous confectionniez une série de patrons solides, ne se déformant pas sur les bords par des tracés successifs reportés sur le tissu.

Tout d'abord, dessinez avec précision, en vous servant d'une équerre et de la règle graduée, le motif de base en grandeur réelle sur un papier fort, un calque ou un papier kraft épais.

Reportez alors en le calquant soigneusement, à l'aide de la règle, avec du papier carbone sur le matériau envisagé pour découper les calibres (du bristol résistant ou mieux, une feuille de PVC mince). On obtient ainsi le dessin précis du motif de base sur la feuille de PVC. Ensuite, découpez minutieusement avec la pointe de cartonnier ou, à défaut, une lame de rasoir et une règle métallique, en ayant soin de poser la feuille de PVC ou de bristol sur une plaque de verre. Ainsi on obtient des lignes absolument droites. La découpe aux ciseaux est plus rapide mais souvent les lignes ne sont pas droites, légèrement courbes, et elles peuvent sur des pièces, très souvent reportées sur un ouvrage assez grand, occasionner des déformations et donc une difficulté dans l'assemblage général. Dans le cas des *quilt* basés sur des pièces très petites, cela peut provoquer des fronçages, des bossages ou des infléchissements de lignes qui peuvent être gênants.

Ces petites pièces de plastique rigide ou de bristol qui serviront de patrons aux éléments de base sont appelés calibres.

Vous les numéroterez pour ne pas les confondre et le travail fini, conservez-les. Percez-les d'un petit trou central et réunissez-les par un fil ou un cordonnet auquel vous attacherez une étiquette portant le nom du motif de base. Ainsi, vous vous constituerez peu à peu une collection de calibres correspondant aux dessins que vous avez déjà réalisés en *patchwork,* et qui vous serviront le jour où vous désirerez reprendre ce motif avec d'autres couleurs et dans des compositions différentes.

Découpe des calibres à la pointe de cartonnier.

TRACE ET COUPE

Pour procéder à la coupe, reportez tout d'abord les pièces composant le motif de base sur les tissus choisis. Disposez les calibres des pièces sur l'envers de chacun des tissus. Ces tissus auront été préalablement lavés et repassés afin de présenter une surface lisse

Disposez les calibres en ayant soin que leur plus grand côté soit dans le droit fil du tissu. Espacez les calibres de façon à laisser la place nécessaire au retourné de chaque pièce. En effet, les calibres étant à la dimension exacte des éléments du motif de base, il faut compter autour de chaque pièce 6 à 7 mm de marge nécessaire à la couture.

Tracez avec un crayon demi-dur (HB ou H) les pièces sur le tissu, en ayant bien soin de serrer la pointe bien taillée du crayon contre le bord des calibres. C'est à cause de la répétition de ce geste que le PVC rigide est de loin supérieur au bristol, utilisés successivement au calibres, car les bords ne se déforment pas à l'usage alors qu'il faut prévoir plusieurs calibres de bristol, utilisés successivement au cours du tracé du nombre total nécessaire de la même pièce dans la préparation du *patchwork.*

Une fois un certain nombre de pièces tracées, découpez-les avec une paire de ciseaux en n'oubliant pas de laisser la marge de 6 à 7 mm tout autour du tracé. Pour ne pas mélanger ou égarer des pièces il est recommandé de réunir les pièces semblables entre elles, au fur et à mesure de leur coupe, soit dans des enveloppes de papier, soit en petites piles de 5 épinglées ensemble et glissées dans des enveloppes. Toutefois la façon classique et de loin la meilleure est d'avoir toutes prêtes un aussi grand nombre d'aiguilles enfilées qu'il y a d'éléments différents dans le motif de base, et d'enfiler chaque pièce de tissu au fur et à mesure de leur coupe. On évite ainsi le mélange des enveloppes ou leur renversement accidentel et l'on stocke ainsi tous les composants du *patchwork* de façon sûre.

Dans le cas où l'on envisage un assemblage en « treillis », les bandes sont découpées dans le droit fil et coupées de façon régulière avec une paire de ciseaux, en ayant ajouté aussi la marge de 6 à 7 mm nécessaire à la couture retournée.

Stockage des éléments des motifs de base.

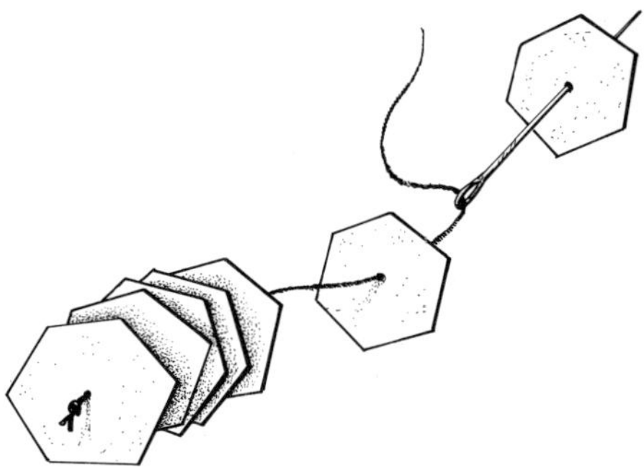

CONSTRUCTION DES MOTIFS DE BASE

En règle générale, tous les assemblages sont faits en plaçant les pièces à assembler endroit contre endroit et en les cousant sur les lignes du tracé au crayon. La couture peut être faite à la main à petits points ou à la machine avec un point droit serré.

Bien sûr, la couture à la machine est plus rapide. Cependant, lorsque l'on aborde des assemblages courbes, la couture à la main bien que plus longue est mieux adaptée à la réalisation des assemblages de pièces qui ne froncent ni ne se gauchissent et il est ainsi plus aisé d'obtenir, une fois repassé, un assemblage parfaitement plat.

D'une façon presque sytématique, toute la couture d'un *patchwork* est accompagnée de repassages partiels. Aussi, il est important d'avoir constamment à sa disposition un fer à repasser chaud et une table à repasser tout le long de l'opération. Un

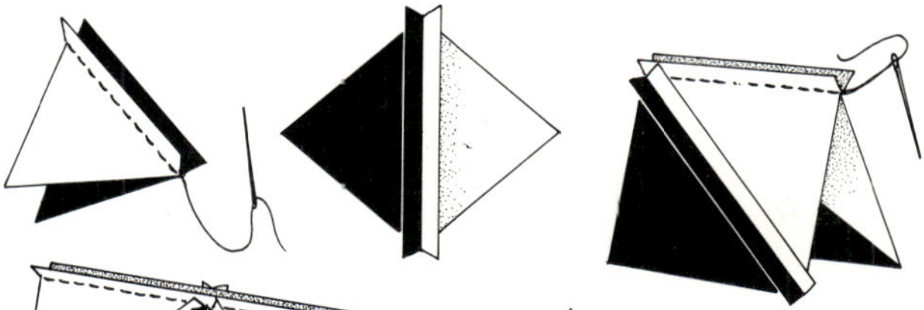

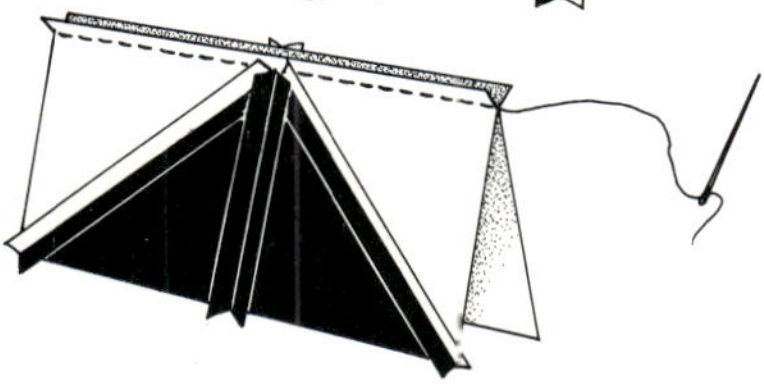

CONSTRUCTION DU MOTIF DE BASE

1

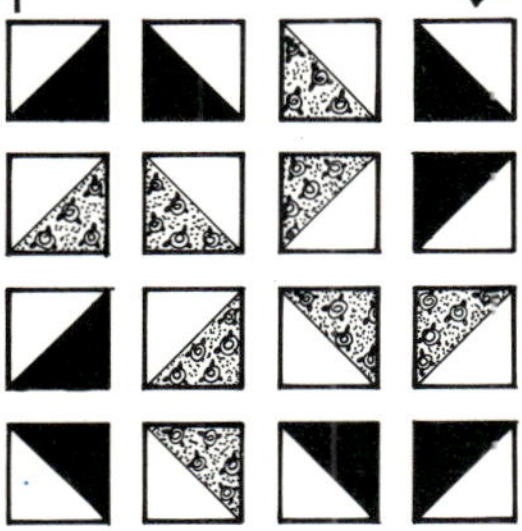

2

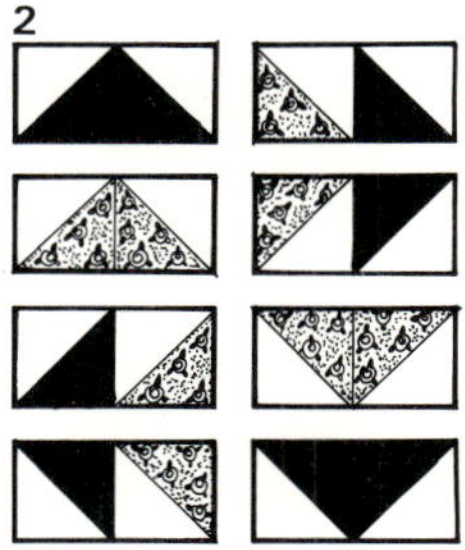

3

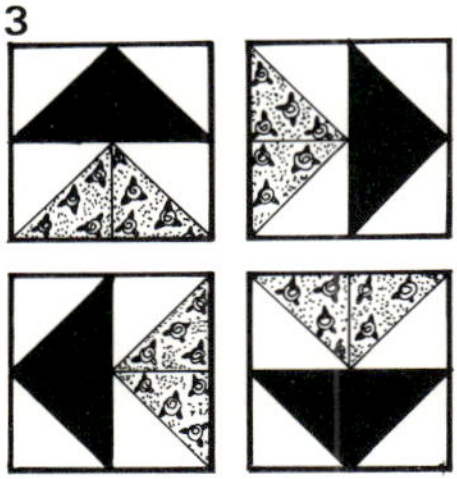

4

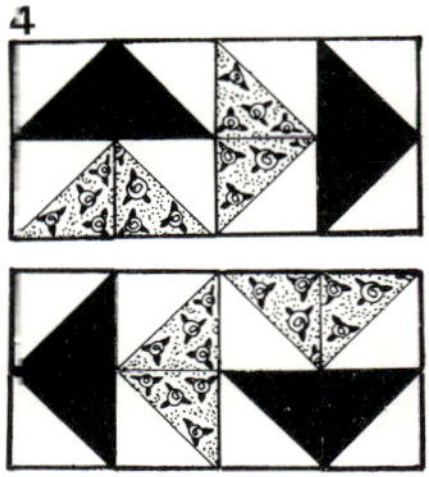

5

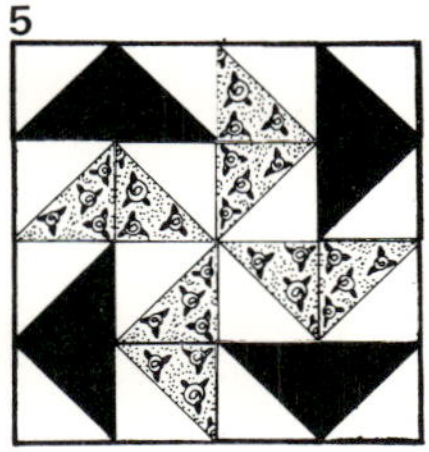

fer à repasser à vapeur est l'idéal, car il permet de retourner et d'écraser les coutures sans avoir à humidifier les pièces à l'avance, comme il faudrait le faire avec un fer ordinaire.

Pour construire le motif de base, il est indispensable de bien examiner le dessin et de se souvenir s'il est construit ou non sur la subdivision de carrés. Les plus usuels sont 4 — 9 — 16 — 25 — 36 — 49.

Dans le cas où le motif de

base est construit de cette façon, assemblez par couture à l'envers, ainsi que nous l'expliquons plus haut, les composants de ces divers petits carrés.

Après avoir retourné au fer chaud les marges des coutures, assemblez ces carrés de la même façon entre eux par couture, endroit contre endroit, en une bande faisant la largeur de votre élément de base.

Assemblez ensuite par couture, toujours endroit contre endroit, les bandes ainsi préparées entre elles jusqu'à former le mode base ;

La façon de procéder à l'exécution des principales constructions carrées est la suivante :

— *pour les motifs de base 4 :* 2 bandes de 2 carrés ;

— *pour les motifs de base 9 :* 3 bandes de 3 carrés ;

— *pour les motifs de base 16 :* deux systèmes peuvent exister selon le motif : soit 4 bandes de 4 carrés, soit 8 bandes de 2 carrés, qui seront assemblées ensuite 2 par 2 pour former 4 carrés de 4 petits carrés. Ces quatre carrés seront assemblés ensuite comme s'il s'agissait d'un motif de base ;

— *pour les motifs de base 25 :* 5 bandes de 5 carrés ;

— *pour les motifs de base 36 :* soit 6 bandes de 6 carrés, soit 12 bandes de 3 carrés qui seront assemblés en groupes de 9 comme s'il s'agissait de base 9. Ces carrés de 9 petits carrés seront ensuite assemblés comme dans un motif de base 4.

En règle générale, les nombres impairs sont souvent assemblés par bandes alors que les nombres pairs sont tous des subdivisions du motif de base 4.

Dans certains motifs, il convient de commencer par la pièce centrale autour de laquelle seront cousus les autres composants préparés à l'avance.

Il faut faire très attention à ce que les coins des pièces ainsi montées au centre du motif de base soient soigneusement cousus, et que le point du motif de couture tombe juste à l'angle de façon à éviter qu'en retournant le motif ces coins ne se pincent en dedans, ou fassent saillie au dehors, ce qui nuirait à l'aspect du *patchwork* et se remarquerait en rompant l'harmonie du relief si l'on projette de matelasser et surpiquer l'ensemble par la suite.

ASSEMBLAGE DU PATCHWORK

Le *patchwork* étant constitué par l'ensemble des motifs de base, la maquette établie au départ pour l'étude du montage et la répartition des valeurs sur l'ensemble du *quilt* va servir à déterminer la progression de l'assemblage général.

1. Montage en carré simple :

Coudre endroit contre endroit, comme précédemment, les motifs de base, en bandes faisant la dimension de la largeur de l'ouvrage envisagé.

Après avoir retourné les coutures au fer chaud, coudre endroit contre endroit les bandes ainsi préparées les unes aux autres.

2. Montage en damier :

Coudre endroit contre endroit les motifs de base, en les alternant jusqu'à l'obtention de bandes faisant la largeur de l'ouvrage envisagé.

Important :

Ne pas oublier d'alterner au commencement de chaque bande le motif de base, ceci afin de ne pas constituer des bandes verticales de motifs, mais un damier.

3. Briques :

Coudre les motifs de base endroit contre endroit en bandes faisant la largeur de l'ouvrage et retourner les coutures au fer chaud.

Commencer alternativement chaque bande par un motif entier puis par un demi-motif et ainsi de suite.

4. Treillage :

Le montage en treillage classique demande une grande attention ; en effet, chaque bande faisant la longueur de 2 motifs plus la largeur de la bande intercalaire, le montage est très long et demande à être complètement bâti à l'ance à l'aide d'un point de faufil avant de le coudre, soit à la main, soit à la machine.

Si vous envisagez de surpiquer les bandes du treillis en déterminant un petit carré au point de rencontre, le montage peut être simplifié de la façon suivante :

— coudre endroit contre endroit à la suite un motif de base

1

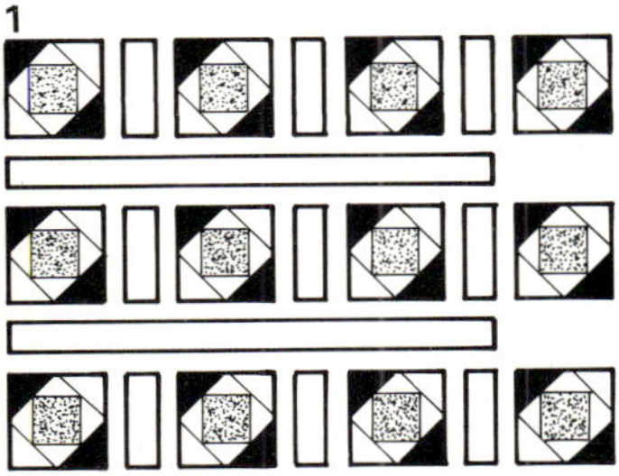

2

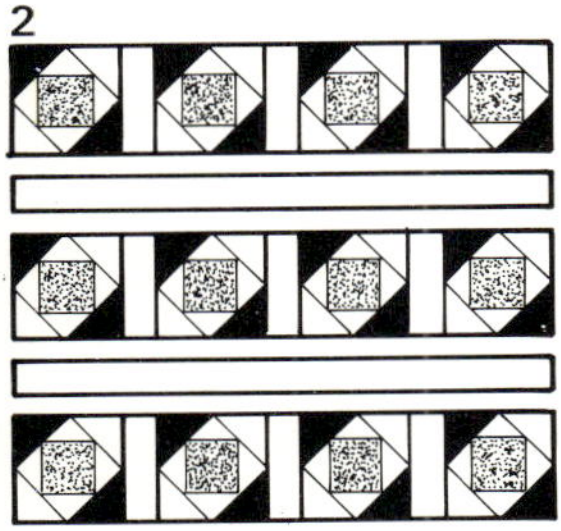

3

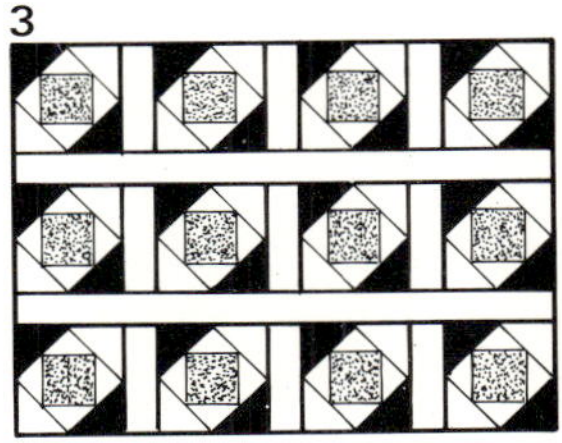

Assemblage du treillage.

et une bande de la hauteur du motif ; coudre ainsi des bandes de la largeur de l'ouvrage envisagé ;

— retourner et écraser les coutures au fer chaud ;

— coudre endroit contre endroit la première bande de motifs et une des bandes du treillage (coupée aux dimensions de la largeur de l'ouvrage envisagé, plus les marges de couture). Puis coudre de la même façon une autre bande de motifs, puis une bande de treillage et ainsi de suite.

5. Montage diagonal :

— *Carré simple :* procéder comme pour le carré simple mais chacune des bandes commencera et se terminera par un triangle équilatéral de la surface d'un demi-motif, sauf les bandes diagonales les plus longues si vous décidez qu'une bande motif parte du milieu des coins. Dans ce cas, ces bandes commenceront ou se termineront par un triangle équilatéral faisant le quart de la surface d'un motif. Commencer l'assemblage des bandes de motifs par les bandes les plus longues, les autres seront cousues de part et d'autre, toujours endroit contre endroit. Retourner et écraser les coutures au fer chaud.

— *Damier diagonal :* procéder de la même façon que pour le carré diagonal, mais l'alternance des deux motifs doit être observée. Commencer aussi l'assemblage général par les bandes les plus longues, donc par le milieu de l'ouvrage.

— *Treillage diagonal :* même façon de procéder que pour le montage du treillage orthogonal dans la méthode traditionnelle, c'est-à-dire bâtir entièrement et coudre à petits points en faisant attention aux coins déterminés par l'alternance des bandes. Dans l'assemblage simplifié, on commencera l'assemblage général par les bandes les plus longues, donc par le milieu de l'ouvrage.

Remarque générale :

Nous conseillons l'assemblage des bandes de motifs dans le sens de la largeur parce qu'elle est plus aisée et que la plupart des motifs de *quilt* peuvent être montés de cette façon, sans inconvénient ni changement dans le dessin général. Il faut toutefois remarquer qu'un grand nombre de *quilts* anciens ont été montés avec des bandes assemblées dans le sens de la longueur. Cela vient sans doute de ce que certains motifs tradionnels, pour les plus simples et les plus anciens assemblés en bandes dans le sens de la longueur, déterminent des dessins complets axés longitudinalement. En alternant ces bandes d'une façon déterminée, en les plaçant tête-bêche ou en les décalant, le dessin longitudinal change totalement, et le fait d'assembler le travail de cette façon permet jusqu'au dernier moment de choisir le dessin final.

Si l'on choisit de respecter la façon traditionnelle d'assembler un *patchwork,* il suffit d'appliquer les façons d'assembler les différents types de montages orthogonaux mais en utilisant des bandes de motifs faisant la largeur de l'ouvrage.

Tapisserie. Appliqué.
Emmanuel Chauche, 1972.
(Photo F. DUBAS)

Assemblages particuliers :

D'autres *quilts* sont assemblés motifs par motifs, tels les hexagones des motifs traditionnels : « *Grandmother's Flower garden* » (les Fleurs du jardin de Grand-Mère), ou les « Cubes » (ce dernier constitué par 3 losanges assemblés pour former un hexagone) ou encore les « *quilts* chefs-d'œuvre » comme « l'Etoile Flamboyante » ou « Echappée de Soleil » entièrement composés de rhomboïdes ou de losanges. Ces motifs sont assemblés à partir du centre du *patchwork* élément par élément, ou en constituant des motifs plus grands (hexagonaux, en étoile, etc.) qui seront assemblés ultérieurement les uns aux autres au moyen de pièces (hexagones, losanges ou rhomboïdes) cousues une à une.

Procéder de la matière suivante:

— découper avec précision un grand nombre de calibres en bristol léger ;

— les placer sur l'envers du tissu et découper autour en respectant :

a) un des bords parallèle au droit fil du tissu ;

b) une marge de 6 à 7 mm tout autour ;

— rabattre les marges de tissu derrière le bristol en les maintenant en place par un fil, coins de la pièce dans les rabats formés ;

— stocker les hexagones ainsi préparés.

Quand l'on pense avoir découpé et stocké ainsi un bon nombre de pièces on peut commencer à les assembler :

— commencer à les coudre endroit contre endroit au moyen du point de surjet ;

— coudre ainsi les pièces une à une autour de la pièce centrale de départ et ainsi de suite ;

— repasser à l'endroit ;

— retirer les bristols soit en les découpant et ainsi les fils de bâti en place seront invisibles après la finition, soit en coupant les fils de bâti pour récupérer les calibres et s'en resservir.

Important :

De toute façon et quel que soit le mode d'assemblage choisi, pour que les lignes de motifs coïncident et se poursuivent sans décalage et sans déformations sur toute la surface du *patchwork,* et que la surface du *patchwork* n'accuse ni pincements ni fronces ou gonflements intempestifs, il faut avant de coudre, soit au fur et à mesure du travail comme dans la plupart des cas, soit en entier comme pour l'assemblage en treillage, faufiler avec un point long aussi bien les éléments que, par la suite, les motifs ou les bandes de motifs. Finir le travail d'assemblage par un repassage soigneux de toute la surface du *patchwork.*

Tout dessin, aussi compliqué soit-il, peut être techniquement exécuté en *patchwork,* mais il faut savoir que cette technique demande d'autant plus de précision, de patience et de soins que les motifs sont compliqués et que leurs éléments sont plus nombreux.

En conséquence, souvent dans la confection des *quilts* anciens, quand l'ouvrage atteint cette complexité par l'emploi de motifs figuratifs ou la répétition de nombreuses figures courbes, c'est la technique de l'*appliqué* qui est utilisée.

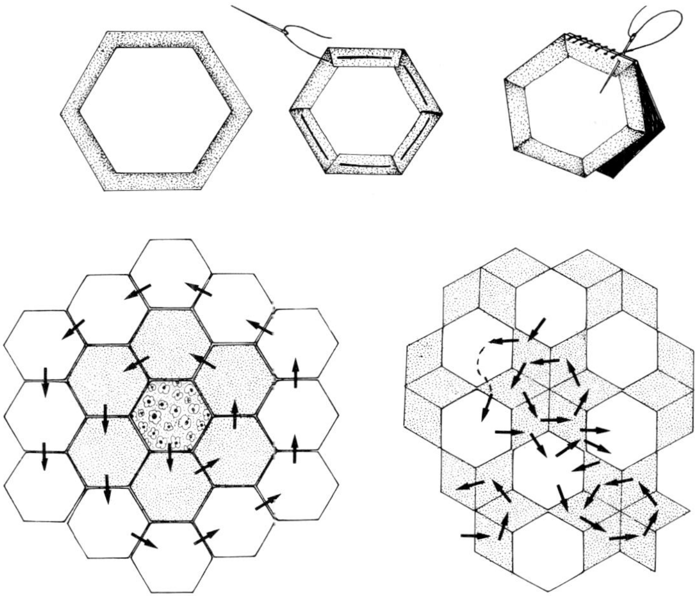

Assemblages particuliers : Hexagones de « Grandmother's flower » assemblés au fur et à mesure.

L'APPLIQUE

La technique de l'*appliqué* consiste à assembler les tissus par superposition des marges ou même superposition totale de surfaces entières sur un fond. La solidité est assurée au moyen, soit de coutures diverses (plates, zigzag, points de broderie divers), soit encore par collage, technique employée dans certaines contrées ou à certaines époques récentes.

L'emploi de la technique de l'*appliqué* ainsi que celle du *patchwork,* a jadis précédé le tissage dans la confection des vêtements : assemblage des peaux, des fourrures ou des feutres, les techniques sont indissolublement liées au tissu depuis son invention.

Bien que demandant un cartain temps l'*appliqué* est moins long à exécuter que le *patchwork* et plus aisément employé par les esprits

◄ **Composition appliqué.**
Dominique Chauche.

Composition appliqué. ►
Dominique Chauche, 1972.

inventifs et imaginatifs, car il permet une plus grande spontanéité dans la démarche de création et un choix plus étendu de matériaux.

Si l'on cherche à obtenir une certaine souplesse et une bonne solidité à l'ensemble envisagé, il faut éviter le collage, car les colles durcissent avec le temps, s'écaillent, craquèlent ou encore s'altèrent et brunissent à la lumière. D'autre part, le collage ne peut être envisagé que pour des panneaux muraux ne devant pas être trop souvent roulés ou pliés et il ne peut être utilisé pour la confection de *quilts* d'assemblage destinés à être portés en vêtement ou en objets. Bien que plus longue à exécuter, la couture permet donc d'obtenir comme on l'a dit, solidité et souplesse, mais aussi des effets que le collage ne peut donner.

TECHNIQUE GENERALE

Le procédé traditionnel anglo-saxon, employé dans la plupart des *quilts* anciens, utilisait la technique de l'*appliqué-retourné.*

APPLIQUE-RETOURNE

— De même que pour le *patchwork,* des calibres sont nécessaires pour constituer les motifs de base d'un *quilt.*

Appliqué-retourné.

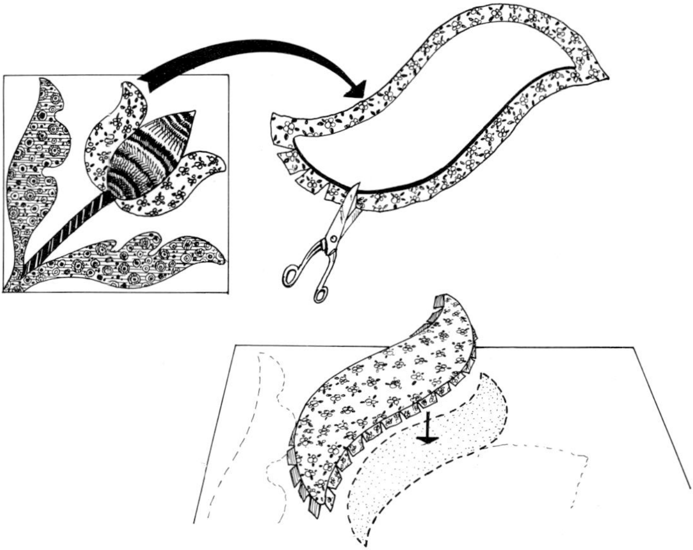

— Découper ces calibres soit à la lame, soit avec une paire de ciseaux ; du fait de l'emploi des courbes et des lignes irrégulières dans les *appliqués,* l'emploi des ciseaux est plus commode. Si l'on suit bien le tracé, les déformations par rapport au modèle sont imperceptibles et le morceau, étant destiné à être *appliqué* sur un fond, ne risque pas de déterminer des déformations dans la surface du *quilt* même si sa découpe est irrégulière.

— Placer les calibres sur l'envers du tissu et découper en ajoutant une marge de 6 mm tout autour.

— Cranter régulièrement cette marge dans les courbes et les angles rentrants, perpendiculairement à la pièce, avec une paire de ciseaux à broder bien affûtés.

— Repasser au fer pour rabattre la marge sur le calibre.

— Retirer le calibre et appliquer à l'endroit prévu sur le support et bâtir soit en faufilant, soit avec des épingles.

— Lorsque le motif est complet, coudre à petits points.

Le point employé est habituellement le petit point ou le point invisible et, traditionnellement, il est effectué à la main. On peut aussi employer des points de broderie (point de boutonnière, de croix, etc.). Pour aller plus vite, on peut utiliser la machine à coudre, soit avec un point zigzag, soit encore au point droit parallèlement au bord de la pièce à 1,5 mm ou 2 mm du bord. On obtient ainsi un tout autre effet ; les bords faisant légèrement saillie déterminent des ombres par endroits, donnant du relief à la pièce en la détachant du fond sur lequel elle est cousue.

APPLIQUE A BORDS FRANCS

C'est la méthode la plus couramment employée de nos jours car elle est la plus rapide.

— Découper les pièces dans le tissu en suivant les bords des calibres, donc aux dimensions exactes du motif envisagé.

— Les appliquer à l'endroit prévu sur le tissu de fond.

— Bâtir soit en faufilant, soit avec des épingles, et coudre.

— La couture peut être réalisée à la main en employant les points les plus divers ; elle peut aussi être réalisée rapidement à la machine en employant soit un point zigzag, soit un point bourdon.

Les points de broderie les plus divers peuvent être utilisés (feston, croix, épine, chausson, etc.). Ils sont plus beaux exécutés à la main car on peut employer des fils de nature diverse (fil, coton perlé, soies, cordonnets ou laines de couleur). Cette façon de procéder est identique dans les *crazy-quilts* que nous verrons plus loin.

La technique de l'*appliqué à bords francs* est celle qui est la plus couramment utilisée dans les compositions libres, car elle permet de faire des variantes et de travailler sur la composition comme un peintre le fait avec des touches de peinture sur une toile.

Appliqué à bords francs.

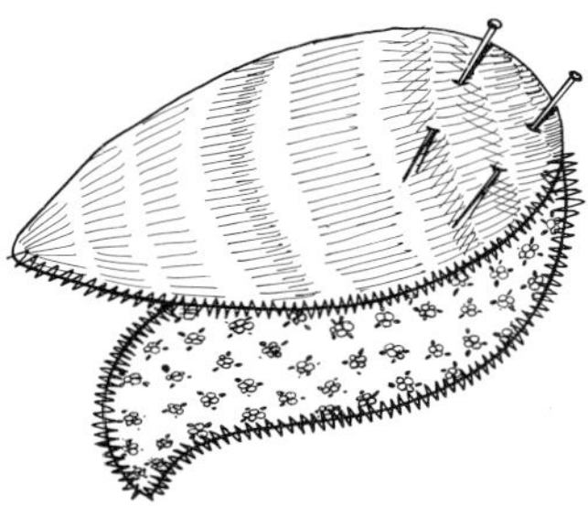

APPLIQUE-INVERSE ou MOLA

Cette technique, employée par les Indiens d'Amérique centrale, dans les Andes et au Brésil, très souvent avec des peaux ou même des cuirs, est la suivante : la tenture ou l'objet est constitué par une pièce importante de tissu (ou de peau) dans laquelle sont faites des découpes. Des morceaux de tissu ou de peau sont appliquées sur l'envers de cette surface, couvrant les découpes. Dans ces morceaux on peut faire des découpes plus petites que l'on bouchera par des pièces d'une autre couleur appliquées sur leur envers. Il peut y avoir de multiples couches successives s'il s'agit de tentures murales. Une fois retourné, l'ouvrage présente à l'œil une décoration faite de découpes où les motifs peuvent apparaître comme des dessins faits en courbes de niveau.

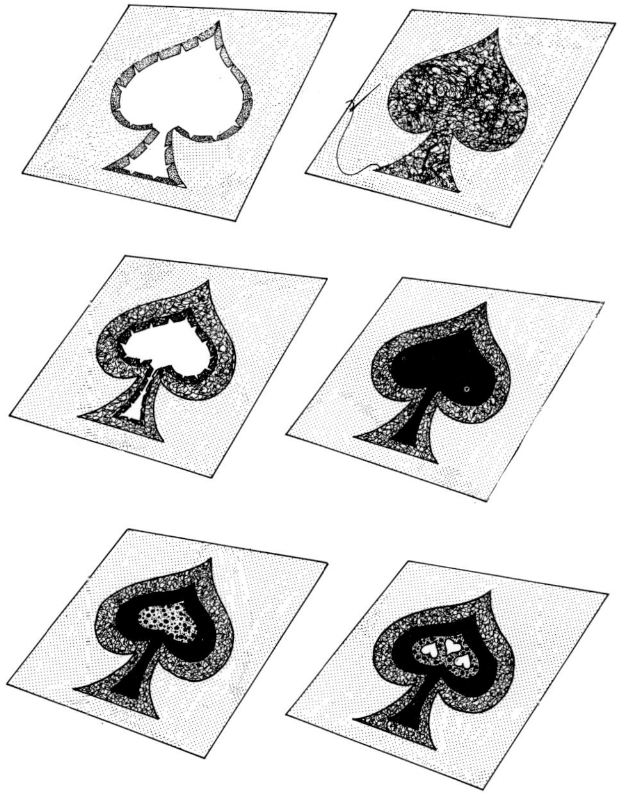

Appliqué-inversé.

Au Brésil et dans toute l'Amérique du Sud, cette technique est appliquée aux objets de cuir. Les découpes sont le plus souvent collées.

Cette façon de procéder peut être pratiquée soit à bord francs, soit à bords retournés.

Dans ce dernier cas, ce sont les bords des ouvertures qui sont retournées sur l'envers avant d'y appliquer la pièce qui doit l'occulter.

CHOIX DES TISSUS

Tous les tissus peuvent être utilisés en *appliqué,* à la différence du *patchwork,* comme les cotonnades déjà citées, les soies, les laines, etc. Seules les textures plus ou moins lâches, plus ou moins épaisses détermineront l'emploi de points différents, appropriés aux qualités des tissus en cas de couture à la main. Aux tissus proprement dits s'ajoutent comme matériaux possibles, les peaux, les fourrures, les feutres, les broderies, les rubans, les dentelles. Enfin les *appliqués* peuvent être rebrodés soit de fils de couleurs, soit encore de perles ou de pièces de métal appliquées par couture. C'est le règne de la liberté dans le choix et l'assemblage des matières.

De même, les points de couture et la couleur, la matière, la grosseur des fils employés peuvent changer l'aspect final de l'*appliqué.* Selon que l'on choisit des fils de couleurs se fondant dans les tissus ou de couleurs contrastant avec les tissus qu'ils assemblent, on obtient des effets contraires.

APPLIQUE-PIQUE

C'est une technique utilisée depuis longtemps en Europe centrale. Elle peut être employée pour toute tenture murale si l'on aime l'effet spécial qu'elle donne aux surfaces traitées ainsi, mais elle permet d'appliquer des éléments qu'il n'est pas possible d'utiliser avec les autres techniques tels que : fibres libres, fils de laine, matières transparentes, fragiles, etc.

— Disposer les morceaux de tissu, les matières à appliquer, selon la composition envisagée, les maintenir en place au moyen d'épingles, de points de faufil, d'une résille de longs points entrecroisés.

— Une fois tout le travail composé et fixé ainsi, surpiquer à la machine toute la surface de la composition avec des lignes de points droits parallèles peu espacés. Selon l'aspect que l'on voudra donner à l'ouvrage, on espacera plus ou moins ces lignes. Pour les petits panneaux, on peut faire un surpiquage très fin au moyen d'aiguilles doubles ou triples si la machine que l'on possède en permet l'emploi.

EMPLOI DE L'APPLIQUE POUR UN QUILT

Si l'on veut exécuter un *quilt* entièrement avec des motifs de base en *appliqué,* les deux méthodes peuvent être employées indifféremment. Par contre, et c'est le cas dans beaucoup de dessins traditionnels, le *patchwork* et l'*appliqué* sont utilisés dans le même motif de base. Il faut employer la méthode traditionnelle de l'*appliqué-retourné.* Dans cet ouvrage, un certain nombre de motifs traditionnels de *quilts* sont dessinés avec indication de la technique employée.

Cas particulier :
— le *crazy-quilt ;*
— ou *crazy-patch quilt.*

Le nom lui-même indique l'origine de cet ouvrage : *crazy* en anglais signifie à la fois déla-

EXEMPLES DE MOTIFS DE BASE TRADITIONNELS "APPLIQUE" OU APPLIQUE ET PATCHWORK :

« Sunflower » (soleil) (A)

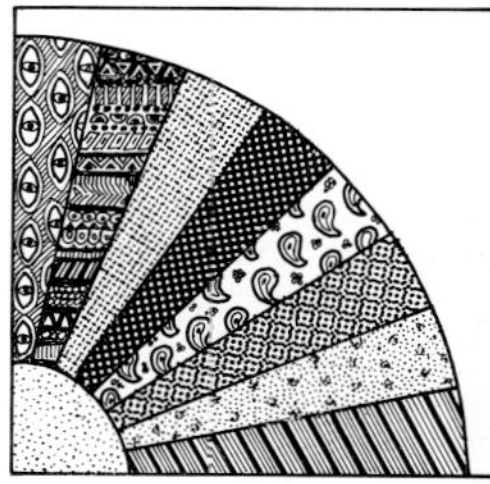

« Fan » (éventail) (A)

« Three sunflowers » (trois soleils) (P et A)

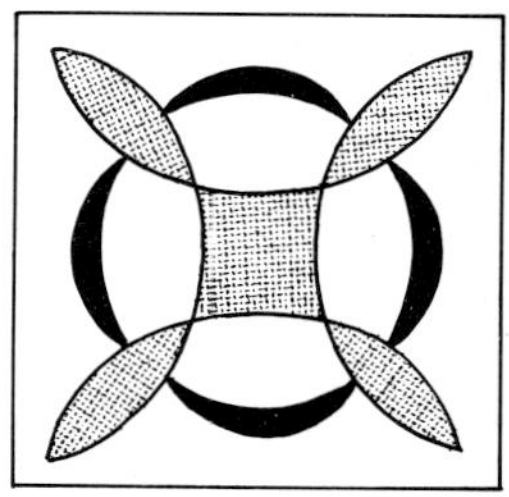

« Butter cup » (bouton d'or) (A)

« Tulip » (tulipe) (A)

Wedding rings » (anneaux de mariage) (P ou A)

P = patchwork

A = appliqué

bré, en mauvais état au sens littéral, et fou, toqué au sens figuré. D'autre part, dans le bâtiment, *crazy-pavement* est l'équivalent de notre pavage en *opus incertum* (ouvrage irrégulier).

— Le *crazy-quilt* contient à la fois toutes les significations du mot *crazy*. En effet, son origine est celle de couvertures faites exclusivement par nécessité de morceaux de tissus ou de couvertures usés, délabrés, rapetassés et ravaudés des dizaines de fois avec des morceaux de tissus de toutes dimensions, de diverses matières, conséquence du *Navigation Act* évoquée dans l'Histoire générale du *patchwork*.

L'aspect qu'il revêt est donc une mosaïque irrégulière de morceaux de tissus assemblés un peu n'importe comment. En quelque sorte, le *crazy-quilt* est l'ancêtre du *quilt* américain, et sa technique simple est celle employée dans presque toutes les compositions.

Le *crazy-quilt* peut être composé d'une façon empirique sur toute la surface et, dans ce cas, nécessite un fond de tissu fin de la dimension de l'ouvrage envisagé.

Il peut être fait de carrés ou de losanges composés eux-mêmes en *crazy-patch,* ces motifs étant ensuite assemblés pour former le *quilt*.

La manière de procéder est la même dans l'application : découper les morceaux dans les tissus choisis et les appliquer avec des points de broderie au fur et à mesure. Le choix de la forme, de la dimension des morceaux de tissu, de leur couleur et de leur matière est totalement libre et tout y est permis. Dans la plupart des cas, les points de broderie d'assemblage changent d'un morceau de tissu à l'autre. Dans le cas du *crazy-quilt* assemblé par carrés préfabriqués, le point de broderie qui lie les carrés les uns aux autres recouvre une couture faite endroit contre endroit et retournée (comme pour l'assemblage des motifs de base du *patchwork).* Les points de broderie sont le plus souvent exécutés avec des cotons perlés, des cordonnets de soie ou de laine dont la couleur tranche sur les tissus qu'ils lient.

Les bords du *quilts* peuvent être laissés rectilignes ou bien être irréguliers eux aussi : en feston, en dent de scie, etc.

On peut y incruster des éléments tels que dentelles, broderies, perles, y broder des maximes, des noms, etc.

Bien que sa réalisation en soit très simple et très libre, à cause même de ce manque de rigueur en opposition totale avec le *patchwork* géométrique, il est plus difficile de réussir une œuvre exceptionnelle. Les plus beaux *crazy-quilts* sont souvent très riches de matières mais assez sobres de couleur pour donner à un désordre apparent, un aspect d'ensemble.

Certains ne sont faits que dans des camaïeux très contrastés en valeur et ils possèdent une « présence » que les plus riches coloris n'ont pas, l'enchevêtrement de couleurs et de formes variées provoquant une image confuse.

L'*appliqué* se prêtant à des compositions spontanées comme le *crazy-quilt,* il est donc l'idéal pour la construction de tableaux muraux aussi bien figuratifs que non figuratifs. La façon de procéder est simple mais quelques astuces permettent de ne pas avoir de mauvaises surprises lors de la réalisation.

TABLEAU OU TENTURE MURALE

Selon les dimensions du projet, sa complexité ou l'aspect que vous voulez en donner, différentes façon de procéder à sa réalisation peuvent être envisagées.

MAQUETTE

Pour une œuvre de grandes dimensions, il est plus pratique de procéder par morceaux, qui seront ensuite assemblés sur une toile forte servant de soutien à l'ensemble.

— Procéder au dessin d'une maquette du 1/10e ou 1/5e qui servira aussi bien de guide à la construction de la tenture qu'à la recherche des coupes possibles pour la réaliser par morceaux.

— Sur cette maquette on étudiera la répartition des valeurs et des couleurs ; en général, pour les coloris, la maquette ne sera qu'une indication car, ainsi que nous l'avons vu dans le *patchwork,* les motifs imprimés des tissus altèrent, pour l'œil, l'impression de couleur. A titre d'exemple, deux ou trois tissus, genre satin fermière, imprimés avec des motifs de mêmes dimensions mais différents, tels que petites fleurs, cercles et pois, carrés et étoiles, apparaîtront comme des nuances de couleur totalement différentes, vus à une certaines distance.

CARTON

S'il s'agit d'un dessin assez compliqué et élaboré, la maquette sera fouillée de façon à pouvoir en tirer un « carton » grandeur nature. On l'établira en agrandissant la maquette au moyen du système des carreaux. Ce carton pourra être tracé sur papier kraft fort ou sur papier bulle (papier à dessin jaunâtre assez résistant). Il permet de rectifier ou de préciser en vraie grandeur des détails de dessin. Une fois le dessin définitivement établi :

— Reporter en le calquant avec du carbone de couturière tout le dessin sur la toile de soutien coupée aux dimensions de l'œuvre.

— En cas de réalisation par morceaux, calquer seulement les découpes et lignes d'assemblage sur la toile de fond. Calquer ensuite sur des morceaux de toile plus fine les dessins contenus dans chaque élément de découpe.

— Quel que soit le mode de construction, le carton sera découpé selon le dessin.

— On dispose ainsi de calibres pour l'ensemble de la tenture.

— Placer les calibres sur l'envers des tissus choisis.

— Découper, soit à bords francs, soit avec la marge de 6 mm (en cas d'*appliqué-retourné*), mais ne pas oublier de laisser une marge du côté où une autre pièce doit venir en superposition.

Signe du scorpion
appliqué
Emmanuel Chauche, 1968.

CONSTRUCTION

Bâtir avec des épingles sur la toile de soutien, dans le cas de construction d'une seule pièce ; sur la toile de fond de l'élément, en cas de construction par morceaux.

Des tissus épais pouvant souvent se superposer en trois ou quatre épaisseurs à certains endroits, il est recommandé de bâtir de préférence avec des épingles, au cas où l'on envisage de faire les coutures à la machine. En effet, au cours de la couture, les tissus se déforment souvent si l'on coud avec un point zigzag serré ou un point bourdon. Les passages successifs du fil allongent la toile de soutien qui se trouve sous les pièces à coudre, en avant de l'aiguille, et l'on doit retirer les épingles pour rectifier et replacer les pièces de tissu à coudre selon le dessin du carton, et réépingler avant de poursuivre la couture.

MATELASSAGE

Une tenture murale peut-être matelassée en même temps qu'elle est assemblée ou cousue, si on la réalise d'une seule pièce. Dans ce cas, il faut envisager cette solution dès le départ du travail. Il suffit d'intercaler un molleton léger de coton, de Dacron ou de polyester entre la toile de soutien et les pièces composant le dessin et la couture doit être faite à la machine au point zigzag ou bourdon. De cette façon, le dessin détermine lui-même le matelassage de l'ensemble.

FINITION

Les bords peuvent être agrémentés d'une bordure. La finition sera faite en cousant sur les bords de l'ouvrage de la tresse à tapis. Cette bande sera retournée sur l'envers de la toile de soutien et cousue de la même façon que la doublure d'un vêtement.

Si l'on est sûr de soi, avec une certaine pratique on peut composer des tentures murales de la même façon que l'on compose un *crazy-quilt*, c'est-à-dire sans carton à partir d'un croquis général.

Laissons à l'inspiration du moment le choix des tissus de chaque morceau, ainsi que son empiètement sur ceux qui le précèdent. Pour cela, il faudra couper des pièces plus grandes et rectifier au fur et à mesure les contours de ces pièces. On peut ainsi placer, déplacer, enlever, mettre une autre pièce faite dans un autre tissu. Cette manière de procéder s'apparente à celle du peintre de chevalet mais elle nécessite une plus grande quantité de tissu et occasionne du gaspillage de matière, en échange elle ouvre la voie à la spontanéité, ce qui est rare dans les techniques des textiles muraux.

Les objets présentés au cours de l'exposition de « *jeans* » brodés et décorés, faisant suite au concours organisé en 1975 par LEVI'S, et la plupart des tentures murales exposées en 1976 lors de la 1re Exposition européenne de Textiles appliqués au musée du château d'Annecy ont été réalisés par la technique de l'*appliqué*.

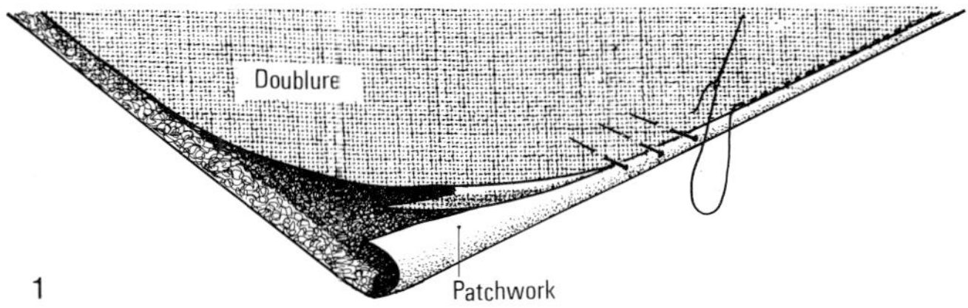

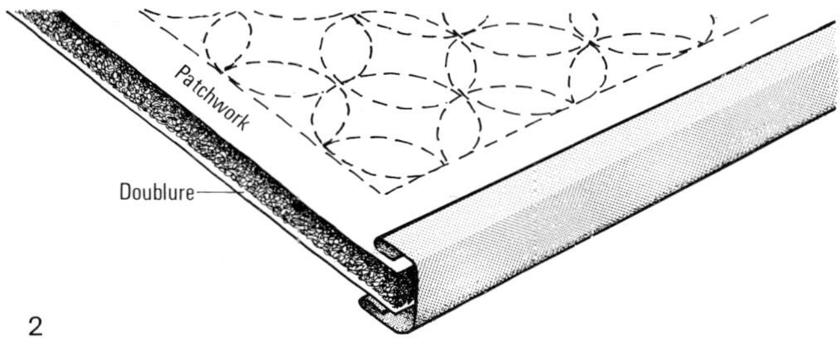

FINITIONS :

1) **Finition retournée.** 2) **Finition avec ganse.**

BORDURES

On peut, bien sûr, finir un *quilt* ou une composition de *patchwork* ou d'*appliqué*, abruptement, sans border. Pourtant, la plupart des *quilts* anciens sont encadrés de bordures, quelquefois multiples, comme dans les belles pièces d'*appliqué* du XVIIIe siècle. On peut aussi composer l'ouvrage d'une succession de bordures établies autour d'une très petite composition centrale de *quilt médaillon.*

Il existe un très grand nombre de bordures parmi celles employées traditionnellement et de nombreuses façons de les combiner.

— *Bordures simples :* formées de bandes de tissu uni ou imprimé faisant le tour de la compositon. On peut en utiliser une seule ou plusieurs successivement, alternées avec des bordures *patchwork* ou *appliqué.* Finir les coutures des angles en onglet à 45°.

— *Bordures ouvragées :*

1° Choisir un motif de base différent de ceux de la composition centrale. Construire, avec ce motif, 2 bandes faisant la largeur de la

EXEMPLES DE MOTIFS DE BORDURES TRADITIONNELS :

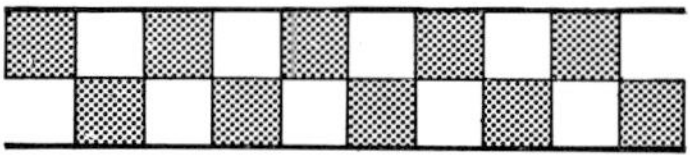

Damier (P)

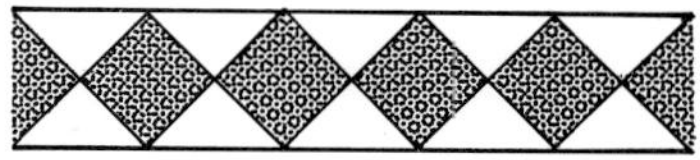

Carrés (P)

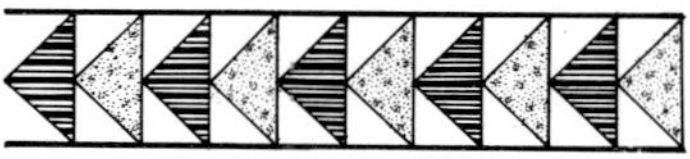

Flèches (P)

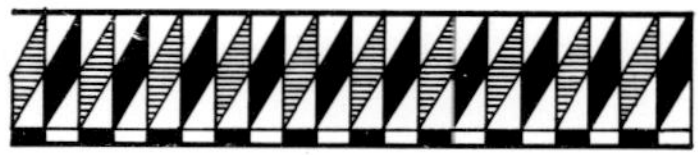

Dents de scie (P)

Rubans (P)

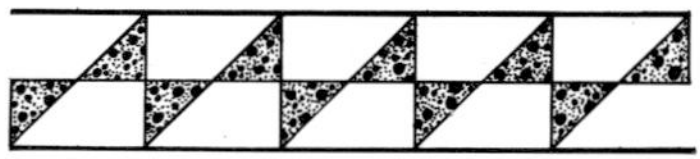

Epines (P)

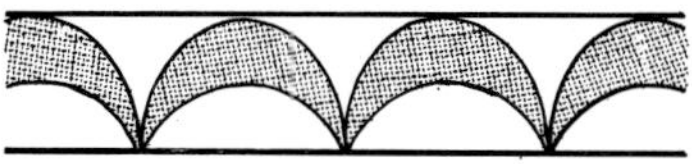

Festons (A)

Lauriers (A)

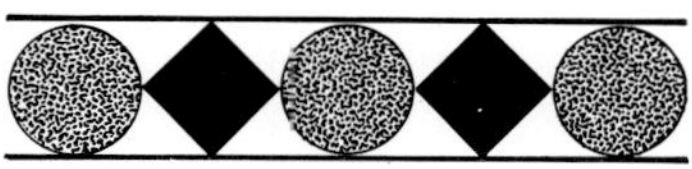

Cercles et carrés (A)

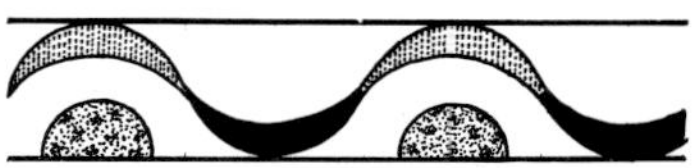

Vagues (A)

composition centrale déjà entourée d'une première bordure simple, et 2 bandes faisant la longueur de la composition, plus la largeur des bandes unies, plus 2 fois la largeur de la bande de motifs elle-même.

2° Choisir un motif de bordure traditionnelle, constituée avec des bandes dont vous calculerez la longueur comme précédemment.

Important :

Faire attention, lorsque vous faites le projet de la bordure, à ce que la fin d'un motif ou d'un élément de la bordure coïncide avec les extrémités des bandes, de façon à obtenir un dessin qui tourne autour du dessin central d'une façon parfaite. Envisager la bordure en même temps que la composition centrale dès la maquette.

Si le motif ne coïncide pas avec l'extrémité des bandes de bordures par suite d'improvisation, on peut remédier en coupant au milieu d'un élément les 2 bandes longitudinales à la longueur de la composition centrale, plus 2 fois la largeur des bandes unies, et ajouter aux

Panneau mural.
Composition de Dominique Chauche.

quatre coins un autre motif confectionné aux dimensions exactes du carré de coin.

On peut encadrer à son tour cette bordure ouvragée d'une bande unie, etc.

Si l'on décide d'une bordure seulement en fin de travail, une fois la composition déjà matelassée, il faudra la composer entièrement, la matelasser à son tour et la monter sur la composition centrale.

Il existe un nombre important de dessins traditionnels de bordures en *patchwork* ou en *appliqué,* nous vous présentons quelques-uns d'entre eux à titre d'indication.

LE QUILTING
Matelassage et surpiquage

Utilisé pour confectionner les grandes courtepointes ouvragées ou les jetés traditionnels, cette technique ouvre une autre porte encore à la variété de l'ornementation par les combinaisons de ses motifs, qui peuvent soit coïncider avec les motifs de l'ouvrage, soit les accompagner comme un contrepoint en musique, soit enfin les contrarier totalement.

MATELASSAGE

Couper une surface de rembourrage aux dimensions de l'ouvrage de *patchwork* ou d'*appliqué* avec sa bordure, en débordant de 1 a 2 cm tout autour.

Ce rembourrage peut être :
— du molleton de coton cardé ;
— une nappe de laine cardée ;
— du molleton de Dacron ou d'Orlon d'une épaisseur de 1 à 2 cm.

Cette dernière matière est de loin, actuellement, le rembourrage idéal : léger, imputrescible, facilement nettoyable et ne faisant pas à l'usage de nodosités, en cas de surpiquage lâche.

Trois exemples de dessin de quilting.

PREPARATION DU SURPIQUAGE

— Dessiner sur du papier kraft le motif choisi de surpiquage :
il recouvre habituellement de 4 à 9 carrés du motif de base s'il s'agit de *patchwork* géométrique (selon l'échelle des carrés de la composition) ;
en cas de composition libre, diviser toute la surface en carrés d'approximativement 40 cm de côté.

— Tracer en les calquant les éléments du dessin de surpiquage sur du bristol ; les découper à la lame ou aux ciseaux.

— Etendre sur une surface plane et dure, le plancher par exemple ou une grande table, la composition assemblée et reporter au crayon demi-dur (HB), en pointillé, le tracé du surpiquage ; ce tracé sera éliminé après le surpiquage avec une gomme tendre pour le crayon.

— Marquer sur la doublure et sur la composition le milieu de chaque côté.

— Tendre sur le cadre à surpiquer (voir rubrique matériel) la doublure à l'aide d'épingles, en commençant par placer les milieux de chaque côté, face envers vers le dessus.

Dessin du faufilage de préparation du surpiquage.

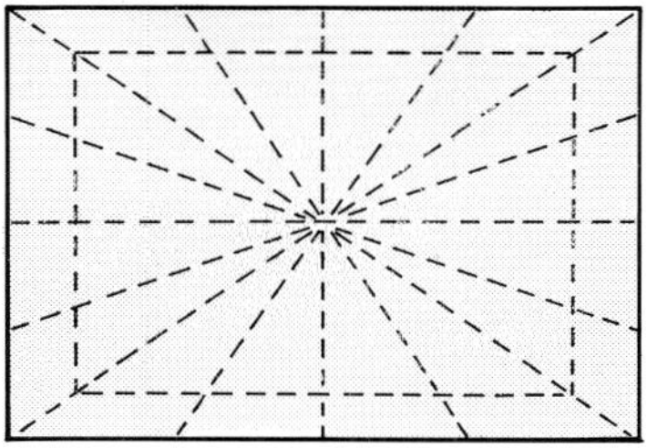

— Poser sur la doublure le rembourrage choisi.

— Poser sur l'ensemble le *patchwork* ou l'*appliqué*, face endroit sur le dessus.

— Epingler tout autour, en faisant coïncider les repères marquant le milieu de chaque côté.

— Fixer provisoirement l'ensemble en faufilant à longs points, avec un fil contrastant fortement avec l'ouvrage, les trois éléments de celui-ci sur toute sa surface, selon un dessin simple : diagonales rayonnantes + 2 cadres concentriques (voir dessin).

SURPIQUAGE A LA MAIN

— Commencer, à une distance de 30 à 40 cm du bord de l'ouvrage, avec du fil de coton pour les coutures fortes, ou mieux, du fil de lin.

— Faire des aiguillées d'environ 40 à 50 cm.

— Après avoir tiré le fil de telle manière que le nœud d'arrêt de l'aiguillée pénètre à travers la doublure dans le rembourrage, faire un ou deux points arrière puis reprendre la couture à petits points droits, en suivant le tracé du surpiquage.

— Surpiquer ainsi toute la bande se trouvant le plus près de vous en faisant attention à bien prendre les 3 épaisseurs à chaque point, et en noyant dans le rembourrage par un point arrière le nœud d'arrêt en fin d'aiguillée.

Composition appliqué.
1970. Cedric, 7 ans.

Une fois la bande de 40 cm se trouvant près de vous surpiquée :

— Dévisser les deux presses d'angle du cadre qui se trouvent de ce côté.

— Retirer les épingles retenant l'ouvrage sur les 2 côtés de la bande déjà surpiquée.

— Rouler vers le dessous la bande de l'ouvrage surpiqué sur le montant du cadre en le tirant vers vous en même temps.

— Retendre et fixer aux deux extrémités les 2 presses.

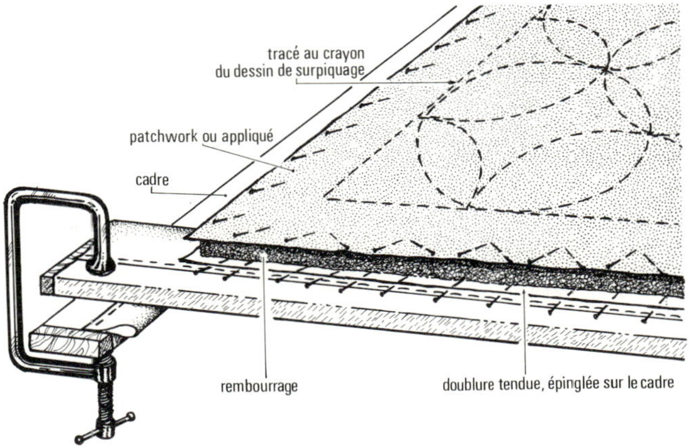

Montage de l'ouvrage à surpiquer sur le cadre.

— Continuer à surpiquer sur une bande de 40 cm en suivant le tracé.

Par bandes successives vous avancerez ainsi entre les deux côtés du cadre et pourrez surpiquer l'ensemble de l'ouvrage .

Après le surpiquage, retirer toutes les épingles et procéder aux finitions comme indiqué plus haut, soit en couture invisible, soit par une ganse posée à cheval.

Gommer les marques de crayon et brosser les peluches de la gomme.

1

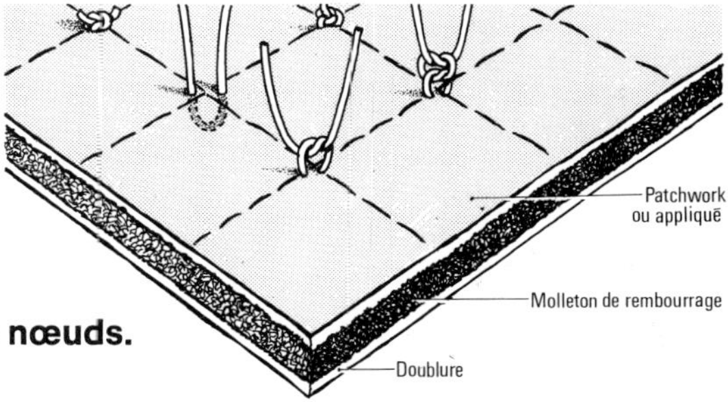

Quilting avec des nœuds.

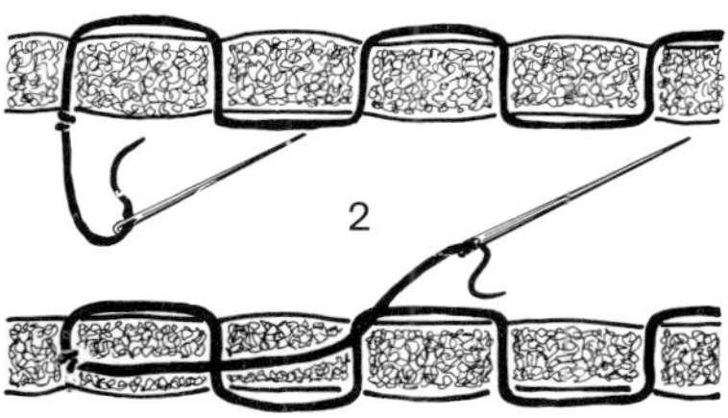

Manière d'arrêter le fil de surpiquage.

SURPIQUAGE A LA MACHINE

— Préparer de la même façon que pour le surpiquage à la main.

Une fois l'ensemble de l'ouvrage préparé (lignes de surpiquage tracées et l'ensemble faufilé) :

— retirer du cadre en ayant soin de faufiler l'ensemble à 1,5 cm des bords ;

— surpiquer à la machine avec un point droit moyen.

Toutefois des difficultés d'exécution sont fréquentes et il faut faire en sorte de bien faire passer sous le bras d'une machine ordinaire tout l'ensemble de l'ouvrage sans déformer ou altérer la fixation.

D'autre part, la vitesse d'entraînement du tissu de doublure, par la griffe de la machine et celle du *patchwork* frottant sous le pied-debiche peut déterminer des plissements ou des déformations. Ces difficultés ne peuvent être surmontées avec une machine ménagère que par arrêts fréquents et un soin extrême à la présentation de l'ouvrage sous l'aiguille, ainsi qu'un contrôle constant du défilement des tissus constituant l'ouvrage.

Seule une machine semi-industrielle avec entraînement du tissu par-dessus et par-dessous, possédant un grand bras comme les machines qui servent à la confection des couvertures piquées faites en série, permet d'éviter ces inconvénients.

Pour ces raisons nous conseillons, bien qu'il semble plus long, de pratiquer le surpiquage à la main.

QUILTS PARTICULIERS

En plus des divers ouvrages cités, il existe d'autres appellations précises selon la façon dont est agencé ou a été assemblé le *quilt :*

QUILT ALBUM — QUILT DE L'AMITIE

Ce sont des œuvres composées collectivement par des amis, connaissances ou membres de la famille. Ils sont composés de motifs différents. Chacun de ces motifs a été réalisé par une des personnes ayant participé à l'ouvrage et il est signé de son nom. Ces motifs étaient ensuite assemblés au cours d'une *quilting party :* les créateurs de chacun des motifs se réunissaient pour procéder au montage et à la finition de l'ouvrage et l'ouvrage lui-même était souvent offert à l'un des membres de cette réunion qui devait prochainement quitter la région pour s'établir ailleurs.

QUILT BLANC OU QUILT DE MARIAGE

Il est fait de motifs composés avec des tissus blancs et ivoire de textures différentes, surpiqué et brodé de blanc ; il était offert à la mariée.

QUILT DE LA LIBERTE

Une vieille tradition du XVIIIe siècle colonial. Il était offert le jour de sa majorité à un jeune homme qui le conservait jusqu'à son mariage et l'offrait à sa femme ce jour-là. C'est une pièce très élaborée, souvent avec des motifs figuratifs en appliqué faisant allusion à ses goûts ou ses aventures d'enfant et d'adolescent.

QUILT DU SOUVENIR

Fait pour perpétrer la mémoire d'un être cher, il était réalisé par sa famille. Les éléments de ses motifs étaient découpés dans les vêtements du disparu.

TECHNIQUES PARTICULIERES

BOURRAGE

Si l'on veut obtenir des effets de relief à certains endroits de la composition, pour mettre un ou plusieurs motifs en valeur, on procède au bourrage de ces motifs ou de leurs éléments en introduisant une bourre sous la surface de ceux-ci.

La bourre peut être constituée de ouate de coton ou de Dacron, de laine cardée ou de kapok.

Bourrage en cousant (Stuffing). Utilisé pour les *appliqués.* On procède au bourrage des élé-

1

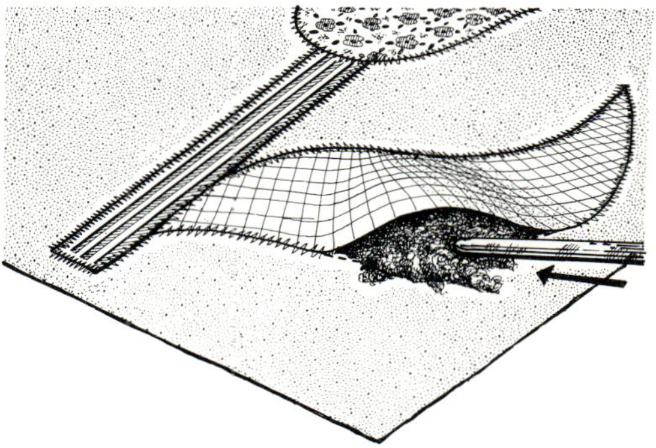

Bourrage en cousant.

2

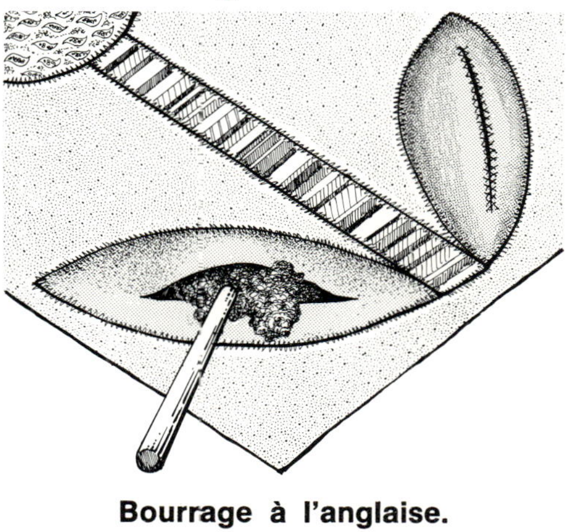

Bourrage à l'anglaise.

◄ **COUSSIN POULE**

Ouvrage exécuté par des enfants à partir d'un objet tout fait qu'il s'agissait de recouvrir afin de le consolider et le rendre plus attrayant, tout en occupant agréablement un week-end pluvieux.

Des chutes de rideaux, des morceaux de jeans usagés, des poches récupérées sur des pantalons devenus trop étroits, des échantillons divers, un tissu exotique, souvenir de vacances, ont été découpés et assemblés comme un grand puzzle pour la création de cet oiseau.

Guêtres cuissardes.
Appliqué matelassé.
Emmanuel Chauche.

Blouson de moto. Dos appliqué matelassé. Tissus et cuirs.
Emmanuel Chauche.

ments auxquels on veut donner du relief au fur et à mesure de leur couture, que ce soit à la machine ou à la main.

— Coudre la plus grande partie du pourtour de la pièce de tissu.

— Quand il ne reste plus que 2 ou 3 cm avant de terminer l'application de la pièce, introduire à l'aide d'une petite baguette de bois polie la bourre à l'intérieur de l'espace entre la pièce de tissu et le tissu de fond ; bien la répartir sur toute la surface.

au dos de chaque élément à bourrer.

— Introduire et répartir la bourre dans l'espace entre la pièce de tissu et le fond fendu comme précédemment.

— Refermer les fentes en suturant avec un point de chausson assez serré, bien arrêter les fils avec un nœud.

LE TRAPUNTO

Technique très particulière, originaire d'Italie où elle a connu

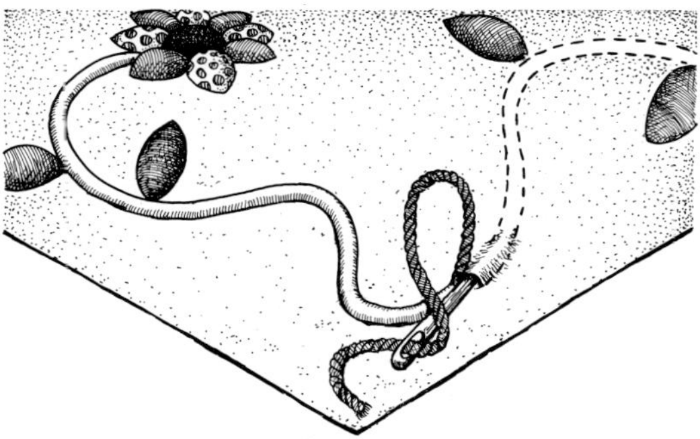

Passage de l'aiguille pour le trapunto.

— Quand l'effet de relief est obtenu, finir de coudre.

Bourrage à l'anglaise (English padding). Utilisé pour les *appliqués* également, le bourrage est effectué après la couture de l'ensemble de la composition.

— Retourner la composition en ayant repéré au dos de l'*appliqué* les pièces à bourrer.

— Pratiquer avec une paire de ciseaux à broder une fente de 2 à 3 cm dans le tissu de fond,

une très grande vogue au quattrocento et à la Renaissance. Elle est utilisée pour obtenir un effet très spécial de ligne en relief. Il consiste à faire courir entre deux surfaces de tissu un cordonnet plus ou moins épais qui, maintenu par un surpiquage, détermine ainsi le relief. La matière employée est un cordon de passepoil de coton ou de fibre synthétique.

Le trapunto est employé surtout pour obtenir des effets décoratifs dans les couvre-lits non matelassés. On peut le pratiquer sur un ouvrage que l'on destine à être matelassé, et doit être réalisé, dans ce cas, avant le matelassage.

— Tracer et surpiquer le contour des lignes devant être en relief

— Enfiler sur une grosse aiguille de matelassier le cordon de passepoil de coton ou de Dacron.

— Piquer dans le tissu de dessous entre les deux lignes de surpiquage et ressortir 5 à 8 cm plus loin.

— Tirer le cordon de coton jusqu'à ce que son extrémité coïncide avec le début du motif.

— Piquer l'aiguille dans le trou de sortie du cordon de passepoil, la glisser de nouveau entre les deux lignes de surpiquage sur une longueur de 5 à 8 cm, entre les 2 surfaces de tissu.

— Ressortir l'aiguille vers soi, faire glisser le cordon jusqu'à ce qu'il prenne place à la suite de la première longueur fixée. Ce faisant, il disparaît ainsi de la surface du tissu.

Important :

Lorsque l'on choisit cette technique :

— pratiquer le passage du cordon sur l'envers de l'ouvrage ;

— choisir un tissu d'envers dans une texture plus lâche que l'endroit (mousseline de coton ou satinette au grain pas trop serré), ainsi le tissage reprend rapidement sa place après le passage de l'aiguille et du cordon .

CONSTRUCTION PROGRESSIVE

Si l'on ne dispose pas d'intervalles de temps assez longs pour mettre en œuvre un grand ouvrage, ou de très peu d'espace, il existe une façon de procéder qui permet de réaliser de grandes compositions en les construisant progressivement. Cette technique permet aussi d'obtenir des *quilts* reversibles, qui peuvent ainsi présenter 2 faces faites avec le même motif mais dans des coloris différents, par exemple :

— La maquette, le projet, les dessins et le calibrage seront faits suivant le processus déjà indiqué.

— Couper 2 fois chaque élément du motif : une fois dans la couleur choisie pour la composition du dessus, et une fois dans le tissu qui sera celui de doublure mais qu'il sera intéressant de choisir différent pour chaque élément du motif. Ne pas oublier la marge de 6 mm tout autour.

Deux méthodes peuvent être suivies pour l'assemblage :

Première méthode :

— Couper un morceau de rembourrage aux mêmes dimensions que l'élément.

— Placer l'un sur l'autre successivement : le rembourrage, la doublure (endroit vers le haut) et le tissu de l'élément (endroit vers le bas).

— Coudre au point droit sur le tracé de l'élément tout autour de celui-ci en laissant toutefois un espace de 2 à 3 cm pour permettre de le retourner.

— Retourner comme une chaussette l'élément ainsi obtenu et finir de coudre le bord à petits points.

« Une porte sur un autre univers ». Tapisserie - appliqué.
Emmanuel Chauche, 1977.

Tapisserie-appliqué. Détail. 1976.
Emmanuel Chauche.

1
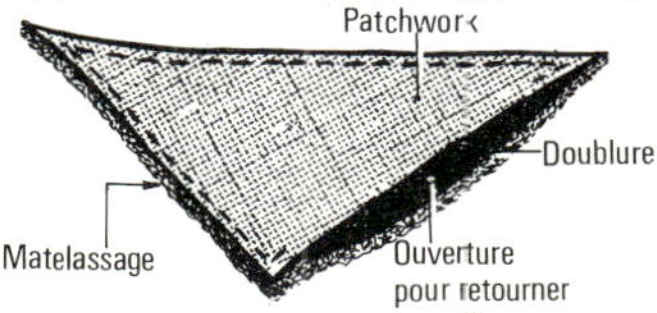

2
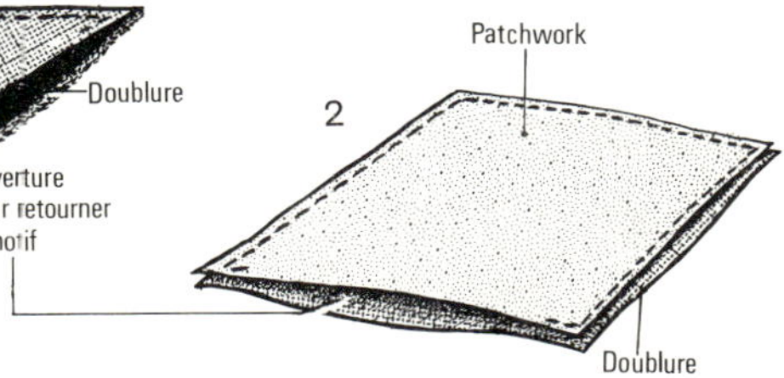

3
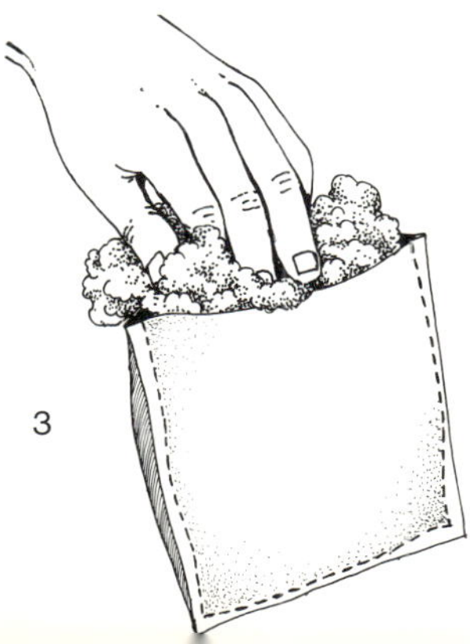

4
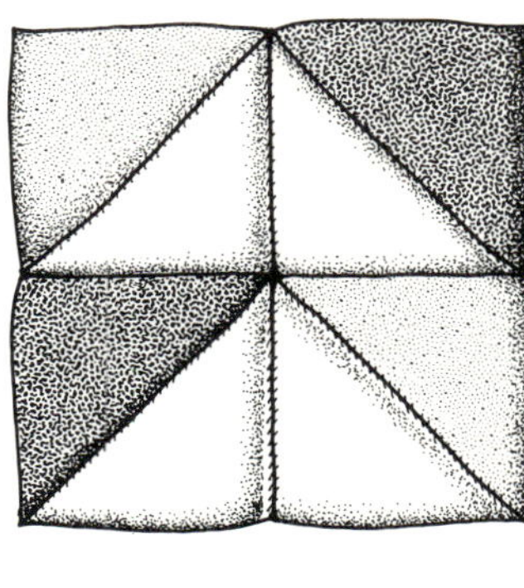

Deuxième méthode :

— Placer endroit contre endroit l'élément et sa doublure et coudre tout autour au point droit en laissant une ouverture de 2 à 3 cm.

— Retourner l'élément et bourrer avec la bourre choisie : coton cardé, ouate ou kapok.

— Refermer et coudre le bord à petits points.

Les éléments ainsi préfabriqués seront stockés dans des boîtes en carton, une fois un certain nombre ou la totalité de ces éléments réalisés.

— Assembler en les cousant au point de surjet endroit contre endroit, en procédant comme nous l'avons indiqué, que ce soit pour la construction du motif ou l'assemblage général.

— On peut aussi les assembler en les cousant à la machine avec un point zigzag ou de bourdon : dans ce cas il faut faire chevaucher légèrement les bandes des éléments les unes sur les autres, l'effet sera différent de celui assemblé à la main.

Important :

Veiller à ce que les lignes de couture soient bien droites, bien parallèles pour l'assemblage des motifs de base, afin que l'ouvrage terminé ne gondole ni ne soit déformé.

CONCLUSION

Toutes les techniques que nous avons expliquées ici peuvent se compléter et se combiner entre elles. Aucune règle n'est absolue dans ce domaine et c'est en commençant à manier et marier les tissus que vous découvrirez ce que vous pouvez faire et trouverez le mode d'expression qui vous convient le mieux. Vous pouvez inventer vos propres motifs et le choix de tissus que vous ferez sera la marque personnelle que vous y ajouterez.

Le *patchwork,* dans son sens le plus large, vous offre des possibilités illimitées et la liberté de création la plus grande.

TABLE DES MATIÈRES

LE CROCHET

LE TISSAGE

LE PATCHWORK

Achevé d'imprimer sur les presses de l'Imprimerie Lescaret, à Paris, le 10 avril 1978.
Dépôt légal : 2e trimestre 1978 — Numéro d'éditeur : 3066
ISBN 2-263-00225-1